高水平邮轮旅游专业群系列教材

旅行社运营管理

LÜXINGSHE YUNYING GUANLI

主　编 / 刘　刚
主　审 / 单朝辉　刘　艳

大连海事大学出版社
DALIAN MARITIME UNIVERSITY PRESS

图书在版编目(CIP)数据

旅行社运营管理 / 刘刚主编. — 大连 : 大连海事大学出版社, 2023.1

ISBN 978-7-5632-4407-2

Ⅰ. ①旅… Ⅱ. ①刘… Ⅲ. ①旅行社-企业管理 Ⅳ. ①F590.654

中国版本图书馆 CIP 数据核字(2022)第 255376 号

大连海事大学出版社出版

地址:大连市黄浦路523号 邮编:116026 电话:0411-84729665(营销部) 84729480(总编室)

http://press.dlmu.edu.cn E-mail:dmupress@ dlmu.edu.cn

大连金华光彩色印刷有限公司印装 大连海事大学出版社发行

2023 年 1 月第 1 版 2023 年 1 月第 1 次印刷

幅面尺寸:184 mm×260 mm 印张:13.5

字数:316 千 印数:1~1000 册

出版人:刘明凯

责任编辑:刘若实 责任校对:陶月初 刘长影

封面设计:解瑶瑶 版式设计:解瑶瑶

ISBN 978-7-5632-4407-2 定价:78.00 元

前 言

旅行社的产生是社会、经济、科技发展到一定历史阶段的结果，同时也是人类旅行活动长期发展的必然产物。随着社会经济的发展，旅游业现已成为全球经济中发展势头最强劲和规模最大的产业之一，作为旅游业三大支柱产业的龙头，旅行社业已成为旅游业发展的核心和关键。我国旅行社行业也从无到有，经历战火洗礼到新中国成立后的快速发展，其业务也由二十世纪八九十年代以入境旅游接待海外游客为主，发展为推动国内国际旅游快速发展服务亿万游客。根据中华人民共和国文化和旅游部 2022 年第三季度全国旅行社统计调查报告，截至 2022 年第三季度全国旅行社总数约为 44 359 家，蓬勃发展的旅行社业需要大量的高素质技能型旅游人才。

在"工学结合"的指导思想下，旅游管理专业教学需要考虑提高学生的就业竞争力，教材好坏直接影响教学过程的质量和效果的好坏，高质量的教材也是实现人才培养目标的重要保证。正是基于这样的认识，我们编写了本教材 。本教材结合了国家职业标准和行业标准，在内容体系建设上进行创新，以“项目导入、任务驱动、实践演练”为逻辑思路，形态上选择新颖活泼的活页式教材，以旅行社生产流程的顺序和职业能力为指向，兼顾学生的认知心理特点，又能符合社会学习者和企业在岗员工的任职需求，教学内容以旅行社经营管理中的典型业务为主线，配套丰富的动画、课件、理论知识、习题库等信息化资料，让学生在完成具体业务操作的过程中，学习必要的知识，掌握旅行社业务的操作技能。整个教材在内容上更加强调精炼简洁，降低了学生的理论学习难度。与此同时，又可以让学生的职业操作能力得到充分的锻炼以适应岗位的需求。

本教材以旅行社主要工作岗位为基础，设置旅行社行业认知和设立、旅行社产品设计与开发、旅行社外联销售、旅行社计调业务、旅行社接待业务、旅行社人力资源管理六个模块，详细介绍了旅行社核心岗位的操作流程。本教材除作为旅游管理专业教学用书之外，也可以作为旅行社岗位培训教材，或者备考旅行策划职业技能等级 1+X 证书考试的学习用书。

本教材由天津海运职业学院邮轮旅游系刘刚担任主编，天津海运职业学院邮轮旅游系谢丹老师、崔波老师、李琳老师以及天津滨海泰达航母旅游集团股份有限公司人力资源部经理许海华参与编写，分工如下：刘刚、李琳编写模块一、四，崔波、谢丹编写模块二、三，刘刚、谢丹、李琳、许海华编写模块五、六。

本教材在编写过程中，得到了大连海事大学出版社的鼎力支持，再此表示衷心感谢。另外，本书在编写过程中参考和借鉴了旅游界诸多专家学者的著作和研究成果，以及一些网络资源，由于篇幅限制，未能一一列出，在此一并表示感谢。

因为编者水平有限，加上编写时间仓促，本书不足之处恳请读者和专家批评指正。

编者

2023 年 1 月

目　录

模块一

旅行社行业认知和设立

认识旅行社

项目介绍

旅行社是旅游业三大支柱产业的龙头，是旅游业发展的核心和关键。截至 2022 年第三季度，全国旅行社总数约为 44 359 家。旅行社行业究竟是一个什么样的行业？旅行社经营业务范围有哪些？旅行社行业是行政许可行业，我们要申办旅行社需要具备什么条件呢？我们需要经历哪些“关卡”才能顺利地拿下营业执照和经营许可证呢？创办正规的旅行社后又需要哪些工作才能把旅行社经营管理好呢？让我们一起来学习吧！

知识导图

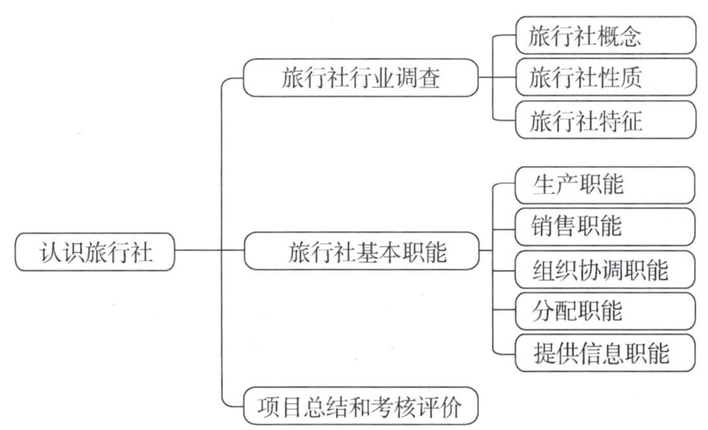

学习目标

1.素质目标:

(1)培养家国情怀,增强"四个自信";

(2)培养团队意识和大局意识;

(3)培养主动学习、分析问题和解决问题的能力;

(4)培养良好的旅游专业素养和职业道德,增强职业自信。

2.知识目标:

(1)掌握旅行社的业务分类和业务特征;

(2)熟悉旅行社的性质、职能和分类;

(3)熟悉本地旅行社的基本情况;

(4)了解旅行社的发展历程、现状及未来发展趋势;

(5)掌握实践调研报告的撰写方法。

3.能力目标:

(1)具备调查研究分析旅行社行业发展现状及未来发展趋势的能力;

(2)具备自我认知,分析自己从事旅游行业的优势和劣势,进行职业定位的能力。

思政案例

中国旅游集团的初心与使命

中国最早的旅行社是哪一家?故事是这样的。

创立中国第一家旅行社,拉响中国近代旅游业的第一声汽笛;

创办中国第一家招待所,成为中国旅游饭店的雏形;

发行中国第一张旅游支票,开创中国金融业和旅游业之先河……

90多年来,中国旅游集团经历了中国"站起来""富起来""强起来"的伟大历程,特别是中华人民共和国成立以来,始终与国家现代化和实现中华民族伟大复兴同向而行,成为中国旅游业发展的典范,为世界旅游贡献中国智慧。

20世纪初,中国人还没有"旅游"的概念,更没有专业旅游服务机构。当时在中国提供相关服务的只有英国的托迈酷客(Thomas Cook)和美国的运通公司(American Express)等少数外商机构,它们服务的对象着重于外国人,中国旅客寥寥无几。

一位毕业于美国宾夕法尼亚大学的银行家,因在外资旅行代理机构购买船票时受到冷遇,暗自立下宏愿,创办一个完善的服务机构,他就是陈光甫。

1923年初,适逢国内在上海举行中华民国第一次教育会议。时任上海银行总行总经理的陈光甫获得信息后,马上致电上海银行总行,安排工作人员与黄炎培先生接洽,料理所有会议代表抵沪后的一切交通食宿等事宜。可以说,这是中国本土化旅客服务之开始,也是最早的旅游团队业务。

1923年4月,上海银行获批代售铁路车票。4个月后,上海银行旅行部在总行国际部宣告成立;1924年1月,迁到四川路420号,独立门户,并以五角红星为标志。

1927年,陈光甫决定将旅行部从银行分离出来,成立中国旅行社股份有限公司,并从6月1日起更名为"中国旅行社"。至此,第一家中国人创办的旅行社宣告成立。

1928年4月1日,中国旅行社香港分社正式成立,地址设在香港皇后大道中6号。

这便是中国旅游集团的前身。

中国旅行社是中国第一家拿到旅游业执照的旅行社。它的前身上海银行总行首创并发行旅行支票,是对中国金融与旅游事业的一大贡献。中国旅行社创办的《旅行杂志》是中国第一个旅行类杂志,对中国近现代旅游宣传起到重要作用。中国旅行社成立后,提出"发扬国光、服务行旅、阐扬名胜、改进食宿、致力货运、推进文化,以服务大众为己任"的理念,在中国旅游业发展历史中写下浓墨重彩的一笔。

(**资料来源:** https://www.sohu.com/a/309673424_156934.)

案例思考: 中国旅行社的创立,开创了中国旅游业的先河。它从诞生之日起,就肩负起自强自立的历史重任。这既是中国旅游集团的初心,也是百年不变的责任与使命。对于每一个旅人来说,唯有矢志不渝、笃行不息,方能不负时代,不负人民。

旅行社行业调查

旅行社的发展状况是一个地区旅游业发展程度的直接反映,旅行社行业是旅游管理专业学生未来就业的主要行业之一,因此,了解本地旅行社的基本发展状况,掌握旅行社的概念、行业性质和特征,熟悉旅行社的主要业务范围,对于学生了解旅游业的发展有非常重要的意义。本任务要求学生要很好地掌握当地旅行社的基本发展现状和主要业务范围,这样才能更好地了解行业、了解企业、了解未来的从业岗位。

相关知识

旅行社行业调查

任务实施

对本地旅行社进行实地调查,调研旅行社的行业特点及经营者所在的城市旅行社业发展的基本情况,完成各环节的任务,撰写调查报告。具体任务及要求如下。

1.学生利用电子信息资源进行调查,收集相关资料并进行阅读,了解旅行社的产生与发展情况。主要内容包括:

旅行社产生的历史背景及条件;

西方旅行社的发展历程是怎样的;

中国旅行社的发展历程是怎样的；

我国旅行社发展现状及未来趋势是什么。

2.对本地知名旅行社进行实地调查，分析旅行社的经营范围、组织结构、主要职能、经营理念等情况。填写本地旅行社情况调查表（见表 1-1-1）。

3.撰写旅行社调查报告，主要内容包括：

中外旅行社的发展历程；

我国旅行社发展现状和发展趋势；

本地知名旅行社的业务范围、组织结构、经营理念等情况。

注意事项及要求：

1.可根据调查内容灵活选取网络调查、电话访谈、实地调查等调查方式进行；学生分组进行调查活动，注重分工和团队合作。

2.教师进行协调，每组负责部分调研报告的撰写，注重分工和团队合作，最后汇总成一个比较全面的调研报告。

表 1-1-1　××地区旅行社情况调查表

调查小组成员：						
序号	旅行社名称	位置	经营业务	规模	部门设置	营业收入
1						
2						
……						
记录人：		汇总人：		审核人：		

任务评价：

按照任务评分表（见表 1-1-2）的评分标准进行评价，并做好详细记录，根据评分表评选出最佳任务小组，教师可根据实际情况给予适当的奖励。

表 1-1-2　任务评分表

考核项目：旅行社调研		班级：	姓名：
小组名称：		小组组长：	
小组成员：			
总体评价	完成时间	提前	
		准时	
		超时	
	完成质量	优秀	
		良好	
		有待改进	

续表

	评价标准	分值	得分
过程评价	运用多种渠道，主动学习相关知识，提升能力	15	
	灵活运用调研方法获取信息	15	
	有目的、有计划地开展工作	10	
	调研过程积极、主动	10	
	调研报告内容翔实、客观、表达清晰	40	
	团队协作	10	
总分		100	

课后任务

1.如何理解旅行社的行业性质?

2.结合调研报告，思考中国旅行社的未来发展前景。如果你进入旅行社工作，你会选择从哪项业务开始？为什么?

旅行社基本职能

任务要求

旅行社一头连着境内外旅游市场，一头连着宾馆饭店、景区景点、购物场所、休闲娱乐场所，在招揽客源、组合产业要素、带动相关产业发展等方面具有不可替代的重要作用，是旅游业发展中最活跃、最积极、最核心的组成部分。旅行社在旅游业发展中处于龙头、枢纽和集聚地位，是串联旅游业各大要素的桥梁和纽带。掌握旅行社的职能将有助于我们更加深入地理解旅行社的行业特点和地位。

相关知识

旅行社基本职能

任务实施

组建小组，以组为单位对本地旅行社进行调查，了解旅行社的基本职能，对比分析不同职能的实现途径，撰写调查总结报告。

1.通过网上查阅资料和实地调研的形式对本地区的旅行社进行调查，调查内容如下：

(1)旅行社的生产职能及其实现途径；

(2)旅行社的销售职能及其实现途径；

(3)旅行社的组织协调职能及其实现途径；

(4)旅行社的分配职能及其实现途径；

(5)旅行社的提供信息职能及其实现途径。

2.通过上网查阅资料，调查其他地区知名旅行社的基本职能及其实现途径，分析不同地区旅行社在实现基本职能途径中所扮演的角色和所起的作用(组团社、地接旅行社)。

3.汇总本地和其他地区旅行社基本职能调查的结果，填写旅行社基本职能调查表(见表 1-1-3)，撰写调研报告。

表 1-1-3　××地区旅行社基本职能调查表

<table>
<tr><td colspan="6">调查小组成员：</td></tr>
<tr><td>序号</td><td>旅行社名称</td><td>所在地区</td><td>旅行社基本职能</td><td>实现途径</td><td>角色</td></tr>
<tr><td>1</td><td></td><td></td><td></td><td></td><td></td></tr>
<tr><td>2</td><td></td><td></td><td></td><td></td><td></td></tr>
<tr><td>……</td><td></td><td></td><td></td><td></td><td></td></tr>
<tr><td colspan="2">记录人：</td><td colspan="2">汇总人：</td><td colspan="2">审核人：</td></tr>
</table>

任务评价：

按照任务评分表(见表 1-1-4)的评分标准进行评价，并做好详细记录，根据评分表评选出最佳任务小组，教师可根据实际情况给予适当的奖励。

表 1-1-4　任务评分表

<table>
<tr><td colspan="2">考核项目：旅行社基本职能</td><td>班级：</td><td>姓名：</td></tr>
<tr><td colspan="2">小组名称：</td><td colspan="2">小组组长：</td></tr>
<tr><td colspan="4">小组成员：</td></tr>
<tr><td rowspan="6">总体评价</td><td rowspan="3">完成时间</td><td>提前</td><td></td></tr>
<tr><td>准时</td><td></td></tr>
<tr><td>超时</td><td></td></tr>
<tr><td rowspan="3">完成质量</td><td>优秀</td><td></td></tr>
<tr><td>良好</td><td></td></tr>
<tr><td>有待改进</td><td></td></tr>
</table>

续表

	评价标准	分值	得分
过程评价	运用多种渠道,主动学习相关知识,提升能力	15	
	灵活运用调研方法获取信息	15	
	有目的、有计划地开展工作	10	
	调研过程积极、主动	10	
	调研报告内容翔实、客观、表达清晰	40	
	团队协作	10	
总分		100	

课后任务

1.分析旅行社的组织协调职能是如何实现的?

2.分析旅行社的分配职能是如何实现的?

3.结合调查报告,分析旅行社销售职能是如何实现的?思考销售的对象和产品都有哪些?

4.作为一名当代大学生,你是如何看待旅行社实现提供信息职能的?随着信息社会的发展,你觉得旅行社提供信息的职能是否会被弱化?为什么?

任务三 项目总结和考核评价

任务要求

旅行社是最重要的旅游服务供应商,如果把旅游业比作一条珠链,那么"吃、住、行、游、购、娱"等产业要素就是这条珠链上的珠子,而旅行社则是串珠成链的绳索。旅行社是一个城市旅游业发展的重要标志。从事旅行社这一行业,首先应该了解旅行社的行业特点及经营者所在的城市旅行社行业发展的基本情况。了解旅游业的途径有很多,可通过调研获得旅行社的基本信息,现需要你对旅行社的调研总结进行汇报展示,汇报的重点在于汇报内容结构清晰、全面,语言流畅;难点则在于汇报成果特色突出,新颖有创意,PPT 设计精美,语言表达具有感染力。

任务实施

对本项目调查过程及成果进行汇报。

1.以小组为单位,交流汇报调研成果,组与组之间提出问题,每组在规定时间完成汇报 PPT 的制作并进行现场展示。汇报要点如下:

(1)旅行社基本情况;

(2)旅行社的发展现状;

(3)中国旅行社的发展趋势与分析。

2.学生自评、互评、小组组长点评各个组员的工作成效,指导教师要注意引导学生勇于表达、提出质疑,锻炼学生的逻辑思维与语言表达能力以及创新能力。

3.指导教师给各组评分,并进行有针对性的点评,汇总各组成果并给出成绩。

注意事项及要求:

汇报过程中小组之间注意发现问题,并及时提出问题,之后大家共同讨论解决问题。

任务评价:

按照任务评分表的评分标准进行学生自评、互评和教师评价,评选出最佳任务小组,教师可根据实际情况给予适当的奖励。小组自评表、小组互评表、教师评价表如表 1-1-5、表 1-1-6、表 1-1-7 所示。

表 1-1-5　小组自评表

考核项目:认识旅行社			考核时间:
所在班级:		小组名称:	
小组负责人:	小组成员:		
过程评价	完成时间	提前	
		准时	
		超时	
	完成质量	优秀	
		良好	
		一般	
结果评价	评价标准	分值	得分
	工作开展积极主动	10	
	灵活运用多种方法搜集资料	10	
	调研活动计划可行	10	
	认真完成各项调研任务	20	
	分工合理、团队协作	20	
	调研总结报告内容真实客观,有对旅行社行业的思考	30	
总分		100	

续表

项目学习反思与总结：

表 1-1-6 小组互评表

考核项目：认识旅行社		分值	得分
成果汇报	信息收集全面	15	
	工作效率高	15	
	课堂展示流畅	20	
	调研报告富有成果	40	
	团队协作	10	
总分		100	

表 1-1-7 教师评价表

考核项目：认识旅行社		班级：	
小组名称：		小组组长：	
小组成员：			
评价标准		分值	得分
1.自主学习程度		15	
(1)能够正确理解任务的要求与目标		5	
(2)能够合理运用多种方法收集信息		5	
(3)能够自主获得与任务有关的新知识		5	
2.任务参与程度		15	
(1)是否主动参与计划制订		5	
(2)是否主动寻找解决问题的方法		5	
(3)是否参与小组决策，积极完成工作任务		5	
3.任务实施效果		60	
认识旅行社	资料丰富、客观有效	10	
	调查报告翔实、准确	15	
	具有一定的个人思考与观点	10	
	调查方法恰当	10	

续表

成果汇报	汇报内容结构清晰、完整	5	
	PPT 排版正确、设计美观	5	
	语言表达清晰、流畅	5	
4.任务总结与反思		10	
(1)按照时间进程完成工作任务		5	
(2)能够进行客观的评价与总结		5	
总分		100	

项目二 设立旅行社

项目介绍

如果您想从旅游管理专业毕业后便创业开办一家旅行社，从而开启创业之路，那么需要考虑创立旅行社需要具备什么条件，需要经历哪些程序，需要提交什么材料。

设立旅行社是让学生们了解创建一家旅行社所需要的手续和基本方法，为学生以后在工作中自主创业提供一个基础，也为学生以后能够在工作中逐步成长奠定基础。本项目主要是训练学生掌握旅行社设立的基本条件和基本程序，并做好旅行社运营之前的组织结构确立和制度建设。

知识导图

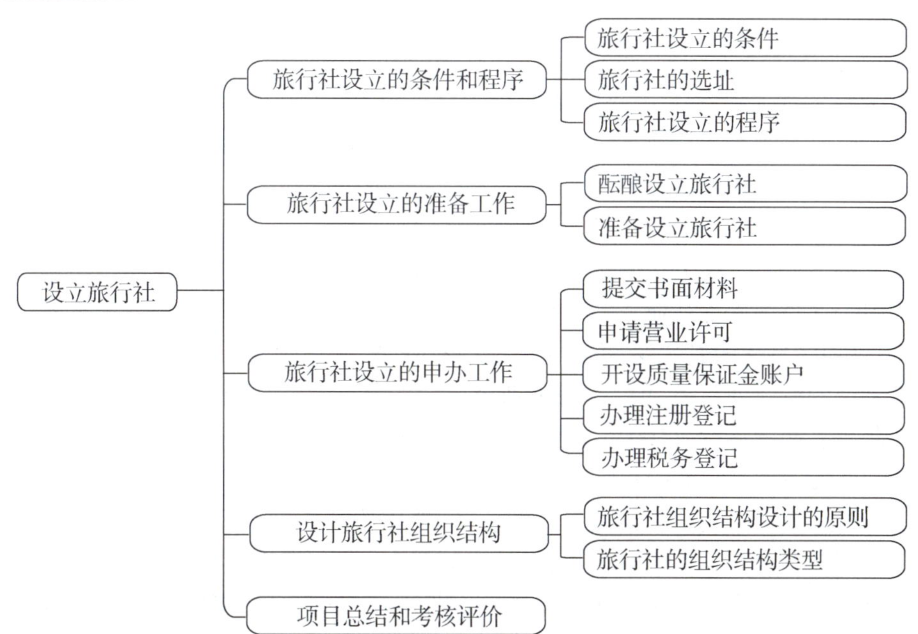

学习目标

1.素质目标:

(1)提高统筹规划能力;

(2)具备团队合作精神;

(3)提高人际沟通能力;

(4)形成事无巨细的工作作风。

2.知识目标:

(1)熟悉相关法律规定的旅行社设立的条件;

(2)了解旅行社设立应考虑的因素;

(3)掌握旅行社申报的程序及需要提交的材料;

(4)掌握旅行社组织结构的类型。

3.能力目标:

(1)能够为旅行社选择合适的地址、起名和设计 Logo;

(2)能够按照相关的法律规定及程序完成旅行社设立申请手续,完成旅行社申报工作;

(3)能够进行旅行社的组织结构设计,为旅行社设计合理的组织架构。

思政案例

广西壮族自治区发布首例旅游市场“黑名单”

广西壮族自治区文化和旅游厅(以下简称“广西文旅厅”)曾经向社会发布首例旅游市场“黑名单”,将桂林市盛迦国际旅行社有限公司总经理冯某和导游员赵某列入黑名单,为期 3 年,并向广西壮族自治区相关单位推送了这两名旅游领域严重失信相关责任主体的信息,依法在市场准入、行政许可等方面实施联合惩戒。

经查,2019 年 5 月 30 日至 6 月 3 日,桂林市盛迦国际旅行社有限公司通过不合理低价引诱游客,安排购物且隐瞒获取回扣的真实目的,在未与游客签订合同的情况下,委派导游员赵某组织接待了 52 人的桂林 5 天 4 晚的汽车团。6 月 2 日上午,导游员赵某以语言威胁等方式,变相强迫游客在购物店“桂林市丽丝家纺有限公司”购买了价值 1.95 万元的产品。

根据以上事实及相关法律规定,桂林市文化广电和旅游局给予桂林市盛迦国际旅行社有限公司吊销旅行社业务经营许可证的行政处罚,对该公司总经理冯某处 2 万元罚款,自处罚之日起未逾 3 年,不得从事旅行社业务,并记入信用档案;给予导游员赵某吊销导游证的行政处罚,3 年内不得重新申请导游证,记入信用档案。对于另外查明的赵某强制游客购物消费 7 600 元的另一事实,桂林市公安局秀峰分局对赵某给予行政拘留 10 日,并处罚款 500 元的行政处罚。

鉴于上述人员的违法失信行为影响恶劣,严重扰乱旅游市场秩序,按照《旅游市场黑名单管理办法(试行)》相关条款,广西文旅厅已提请文化和旅游部将桂林市盛迦国际旅行社有限公司总经理冯某和导游员赵某分别列入全国旅游市场“黑名单”并在全国范围内实施惩戒。

(**资料来源:** 孟萍.广西壮族自治区发布首例旅游市场“黑名单”[OL].《中国旅游

报》,2019-09-06.)

案例思考:旅行社行业是特殊的行业,是许可经营行业。旅行社的经营者一定要遵守相关的法律规定,诚信经营,遵法守法才能在市场竞争中生存下去。

任务一 旅行社设立的条件和程序

任务要求

旅行社的设立是旅行社经营管理的开端。旅行社行业是特殊的服务性行业,与设立一般公司和开商店有所不同,旅行社行业是许可经营行业。旅行社的设立需要具备一定的条件才行,具备了相应条件后,要经过一系列程序,办理相关手续后,才能申请营业许可证,按照营业许可业务范围开展经营活动。本任务重点就是要掌握《中华人民共和国旅游法》《中华人民共和国旅行社条例》中规定的设立旅行社的条件,熟悉旅行社设立的程序。

相关知识

旅行社设立的条件

任务实施

学生分组进行调查,调研旅行社设立的条件和程序,具体任务及要求如下。

1.学生利用电子信息资源进行调查,收集相关资料并进行阅读,了解国家设立旅行社的相关政策和法律法规要求;

2.以小组为单位拟成立一家旅行社,通过搜集整理资料,分析总结旅行社设立的基本流程和环节,讨论旅行社选址需要考虑的因素,确定选址,为成立旅行社做准备。

注意事项及要求:

学生分组进行调查活动,可根据调查内容灵活选取网络调查、电话访谈、实地调查等方式进行;注重分工和团队合作,最终提交一份设立旅行社条件的调查报告。

任务评价:

按照任务评分表(见表1-2-1)的评分标准进行评价,并做好详细记录,根据评分表评选出最佳任务小组,教师可根据实际情况给予适当的奖励。

表 1-2-1　任务评分表

<table>
<tr><td colspan="2">考核项目：旅行社设立的条件和程序</td><td>班级：</td><td>姓名：</td></tr>
<tr><td colspan="2">小组名称：</td><td colspan="2">小组组长：</td></tr>
<tr><td colspan="4">小组成员：</td></tr>
<tr><td rowspan="6">总体评价</td><td rowspan="3">完成时间</td><td>提前</td><td></td></tr>
<tr><td>准时</td><td></td></tr>
<tr><td>超时</td><td></td></tr>
<tr><td rowspan="3">完成质量</td><td>优秀</td><td></td></tr>
<tr><td>良好</td><td></td></tr>
<tr><td>有待改进</td><td></td></tr>
<tr><td rowspan="7">过程评价</td><td>评价标准</td><td>分值</td><td>得分</td></tr>
<tr><td>运用多种渠道，主动学习相关知识，提升能力</td><td>15</td><td></td></tr>
<tr><td>灵活运用调研方法获取信息</td><td>15</td><td></td></tr>
<tr><td>有目的、有计划地开展工作</td><td>10</td><td></td></tr>
<tr><td>调研过程积极、主动</td><td>10</td><td></td></tr>
<tr><td>调研报告内容翔实、客观、表达清晰</td><td>40</td><td></td></tr>
<tr><td>团队协作</td><td>10</td><td></td></tr>
<tr><td colspan="2">总分</td><td>100</td><td></td></tr>
</table>

课后任务

1.旅行社设立的条件有哪些？

2.设立旅行社需要提交的书面材料有哪些？

3.简述旅行社设立的程序。

任务二　旅行社设立的准备工作

任务要求

旅行社的设立需要具备一定的条件，具备了相应条件后，要经过一系列程序、办理相关手续后，才能申请营业许可证，按照营业许可业务范围开展经营活动。本任务要求学生能够掌握旅行社设立的准备工作，主要包括酝酿设立旅行社、准备设立旅行社两个阶段，学生要熟悉这两个阶段的各项工作。

相关知识

旅行社设立的准备工作

任务实施

学生分组设立一家旅行社。

每个小组对本地知名旅行社进行调查，调查旅行社设立所需要的资金、人员、设备设施、场所等条件，并拟设立一家旅行社，完成旅行社设立准备工作表（见表 1-2-2）。

1.以小组为单位，查阅资料，分析拟设立旅行社的优劣势。

2.以小组为单位，对本地知名旅行社开展调查，完成旅行社的名称、选址等设立旅行社需要的准备工作。

3.以小组为单位，确定所设立旅行社的社名和 Logo，确定旅行社的人员规模和场地设备设施。

注意事项及要求：

学生分组进行调查活动，每名同学都要参与，可据调查内容灵活选取网络调查、电话访谈、实地调查等方式进行；注重分工和团队合作，汇总拟设立的旅行社社名和 Logo，经过头脑风暴，最终完成旅行社设立准备工作表，完成确定拟设立旅行社的社名和 Logo 以及其他准备工作。

表 1-2-2 旅行社设立准备工作表

<table>
<tr><th rowspan="2">小组成员</th><th rowspan="2">旅行社名称</th><th colspan="2">设立的可行性</th><th rowspan="2">选址</th><th rowspan="2">规模</th><th rowspan="2">设备设施</th><th rowspan="2">Logo</th></tr>
<tr><th>优势</th><th>劣势</th></tr>
<tr><td></td><td></td><td></td><td></td><td></td><td></td><td></td><td></td></tr>
<tr><td></td><td></td><td></td><td></td><td></td><td></td><td></td><td></td></tr>
<tr><td>……</td><td></td><td></td><td></td><td></td><td></td><td></td><td></td></tr>
<tr><td>最终结果</td><td></td><td></td><td></td><td></td><td></td><td></td><td></td></tr>
<tr><td colspan="2">记录人：</td><td colspan="2">汇总人：</td><td colspan="4">审核人：</td></tr>
</table>

任务评价：

按照任务评分表（见表 1-2-3）的评分标准进行评价，并做好详细记录，根据评分表评选出最佳任务小组，教师可根据实际情况给予适当的奖励。

表 1-2-3　任务评分表

考核项目:旅行社设立的准备工作		班级:	姓名:
小组名称:		小组组长:	
小组成员:			
总体评价	完成时间	提前	
		准时	
		超时	
	完成质量	优秀	
		良好	
		有待改进	
过程评价	评价标准	分值	得分
	运用多种渠道,主动学习相关知识,提升能力	15	
	灵活运用调研方法获取信息	15	
	有目的、有计划地开展工作	10	
	工作开展过程积极、主动	10	
	旅行社社名有内涵、Logo 形象鲜明有特色	40	
	团队协作	10	
总分		100	

课后任务

1.旅行社设立的条件有哪些?

2.简述旅行社设立的程序。

任务三

旅行社设立的申办工作

任务要求

经过旅行社申办阶段后,旅行社就可以凭借申请的营业许可证,按照营业许可业务范围开展经营活动。本任务要求学生掌握旅行社申办工作的主要内容,重点是提交书面材料、申请营业许可、开设质量保证金账户、办理注册登记、办理税务登记。

相关知识

旅行社设立的申办工作及书面材料

任务实施

学生分组进行调查，查阅本地旅游行政相关部门官方网站，收集并填写设立旅行社需要提交的书面材料（见二维码）：旅行社设立申请书、经营场所情况及证明和营业设施设备情况、法定代表人履历表，查询旅行社申办的程序，绘制设立旅行社事项流程图。

注意事项及要求：

学生分组进行任务活动，每名同学都要参与，均需填写各项表单，之后互相纠错并讨论填写的准确性，教师在学生填写过程中，对学生出现的问题随时指导。

任务评价：

按照任务评分表（见表1-2-4）的评分标准进行评价，并做好详细记录，根据评分表评选出最佳任务小组，教师可根据实际情况给予适当的奖励。

表1-2-4　任务评分表

考核项目：旅行社设立的申办工作		班级：	姓名：
小组名称：		小组组长：	
小组成员：			
总体评价	完成时间	提前	
		准时	
		超时	
	完成质量	优秀	
		良好	
		有待改进	
过程评价	评价标准	分值	得分
	运用多种渠道，主动学习相关知识，提升能力	10	
	有目的、有计划地开展工作	10	
	各项文字材料填写完整，格式准确，内容符合要求	40	
	流程图绘制清晰，符合实际申办程序	30	
	团队协作	10	
总分		100	

课后任务

1.设立旅行社需要提交的书面材料有哪些?

2.简述旅行社设立的程序。

任务四 设计旅行社组织结构

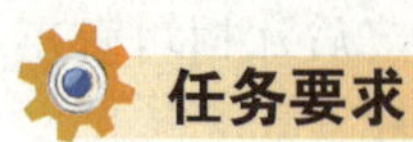

任务要求

为了能让旅行社正常的经营运转,旅行社必须构建高效率的组织结构。组织结构设计是旅行社经营管理的基础工作,也是企业履行其组织职能的基础。这不仅是因为企业组织结构体现了人们工作中的相互关系,而且还反映了企业不同层次、不同部门、不同岗位的职责与权利,同时也为各部门、各环节之间的沟通与协作创造条件。本任务重点为学习旅行社组织结构模式的相关知识,能够掌握如何设计旅行社的组织结构。

相关知识

旅行社组织结构

任务实施

学生分组进行调查,搜集整理旅行社组织结构资料,分析讨论并设计所设立的旅行社的组织结构,画出组织结构图,并规定各部门职责。

1.学生运用电脑等信息手段,根据大中小型旅行社的定位,选择不同规模旅行社,搜集整理该旅行社的组织结构信息,填写旅行社组织结构信息表(见表1-2-5)。

2.以小组为单位,运用头脑风暴法分析讨论不同定位的旅行社组织结构的类型,分析其优缺点。

3.以小组为单位,运用头脑风暴法共同绘制所设立旅行社的组织结构图,并规定其部门职责。

注意事项及要求:

学生分组进行任务活动,每名同学都要认真完成旅行社组织结构信息表,运用头脑风暴法分析讨论并为所设立旅行社设计组织结构图,明确部门职责。

表 1-2-5 旅行社组织结构信息表

小组名称：					
序号	旅行社名称	规模定位	组织结构类型	组织结构优缺点分析	
				优点	缺点
1					
2					
……					
记录人：		汇总人：		审核人：	

任务评价：

按照任务评分表(见表 1-2-6)的评分标准进行评价，并做好详细记录，根据评分表评选出最佳任务小组，教师可根据实际情况给予适当的奖励。

表 1-2-6 任务评分表

考核项目：设计旅行社的组织结构		班级：	姓名：
小组名称：		小组组长：	
小组成员：			
总体评价	完成时间	提前	
		准时	
		超时	
	完成质量	优秀	
		良好	
		有待改进	
过程评价	评价标准	分值	得分
	运用多种渠道，主动学习相关知识，提升能力	10	
	部门职责清晰明确	20	
	有目的、有计划地开展工作	10	
	任务完成过程积极、主动	10	
	组织结构图绘制清晰、合理	40	
	团队协作	10	
总分		100	

课后任务

1.旅行社组织结构设计需要遵循的原则有哪些？

2.旅行社组织结构的类型有哪些？

3.假如你要创立一家旅行社，你会选择哪种组织结构类型来设计旅行社的部门结构？为什么？

项目总结和考核评价

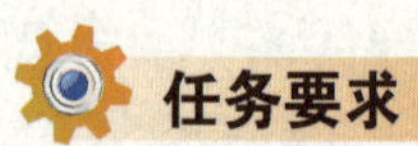

旅行社的设立是旅行社正常运营管理的前提，设立旅行社这样的企业，要明确国家对旅行社设立的条件和程序要求，满足这些条件并向有关部门提交相关文字材料，按流程申办设立旅行社，完成相应手续。同时，为了使企业能够平稳有序地开展经营活动，旅行社经营者还需结合行业特点及自身实际构建切实可行的组织结构。现需要你对该项目学习成果进行汇报展示，汇报的重点在于汇报内容结构清晰、内容全面，语言流畅，难点则在于汇报所设立旅行社的社名和 Logo、提交的文字材料、设立的流程图、旅行社的组织结构图及职责。

任务实施

对本项目调查过程及成果进行汇报。

1.以小组为单位，交流汇报调研成果，组与组之间提出问题，每组要在规定时间内完成汇报 PPT 的制作并进行现场展示。汇报要点如下：

(1)旅行社社名和 Logo；

(2)设立旅行社所需提交的文字材料；

(3)设立旅行社的流程图；

(4)所设立旅行社的组织结构图及部门职责。

2.学生自评、互评，小组组长点评各个组员的工作成效；指导教师要注意引导学生勇于表达、质疑，锻炼学生的逻辑思维与语言表达能力以及创新能力。

3.指导教师给各组评分，并进行有针对性的点评，汇总各组成果并给出成绩。

注意事项及要求：

在汇报过程中，小组之间注意发现问题，并及时提出问题，之后大家共同讨论，解决问题。在汇报时重点介绍所设立旅行社的社名和 Logo 的内涵；所提交的文字材料要完整准确，符合相关要求；所绘制的流程图和组织结构图要清晰。

按照任务评分表的评分标准进行学生自评、互评和教师评价，评选出最佳任务小组，教师可根据实际情况给予适当的奖励。小组自评表、小组互评表、教师评价表如表 1-2-7、1-2-8、1-2-9 所示。

表 1-2-7 小组自评表

<table>
<tr><td colspan="3">考核项目:设立旅行社</td><td>考核时间:</td></tr>
<tr><td colspan="2">所在班级:</td><td colspan="2">小组名称:</td></tr>
<tr><td>小组负责人:</td><td colspan="3">小组成员:</td></tr>
<tr><td rowspan="6">过程评价</td><td rowspan="3">完成时间</td><td>提前</td><td></td></tr>
<tr><td>准时</td><td></td></tr>
<tr><td>超时</td><td></td></tr>
<tr><td rowspan="3">完成质量</td><td>优秀</td><td></td></tr>
<tr><td>良好</td><td></td></tr>
<tr><td>一般</td><td></td></tr>
<tr><td rowspan="8">结果评价</td><td>评价标准</td><td>分值</td><td>得分</td></tr>
<tr><td>工作开展积极主动</td><td>10</td><td></td></tr>
<tr><td>灵活运用多种方法搜集资料</td><td>10</td><td></td></tr>
<tr><td>汇报内容全面、准确</td><td>10</td><td></td></tr>
<tr><td>书面资料全面、准确、符合要求</td><td>20</td><td></td></tr>
<tr><td>组织结构设计合理</td><td>20</td><td></td></tr>
<tr><td>展示效果</td><td>20</td><td></td></tr>
<tr><td>团队合作</td><td>10</td><td></td></tr>
<tr><td colspan="2">总分</td><td>100</td><td></td></tr>
<tr><td colspan="4">项目学习反思与总结:</td></tr>
</table>

表 1-2-8 小组互评表

<table>
<tr><td colspan="2">考核项目:设立旅行社</td><td>分值</td><td>得分</td></tr>
<tr><td rowspan="5">成果汇报</td><td>信息收集全面</td><td>15</td><td></td></tr>
<tr><td>工作效率高</td><td>15</td><td></td></tr>
<tr><td>课堂展示流畅</td><td>20</td><td></td></tr>
<tr><td>汇报成果富有成效</td><td>40</td><td></td></tr>
<tr><td>团队协作</td><td>10</td><td></td></tr>
<tr><td colspan="2">总分</td><td>100</td><td></td></tr>
</table>

表 1-2-9　教师评价表

<table>
<tr><td colspan="2">考核项目:设立旅行社</td><td colspan="2">班级:</td></tr>
<tr><td colspan="2">小组名称:</td><td colspan="2">小组组长:</td></tr>
<tr><td colspan="4">小组成员:</td></tr>
<tr><td colspan="2">评价标准</td><td>分值</td><td>得分</td></tr>
<tr><td colspan="2">1.自主学习程度</td><td>15</td><td></td></tr>
<tr><td colspan="2">(1)能够正确理解任务的要求与目标</td><td>5</td><td></td></tr>
<tr><td colspan="2">(2)能够合理运用多种方法收集信息</td><td>5</td><td></td></tr>
<tr><td colspan="2">(3)能够自主获得与任务有关的新知识</td><td>5</td><td></td></tr>
<tr><td colspan="2">2.任务参与程度</td><td>15</td><td></td></tr>
<tr><td colspan="2">(1)是否主动参与计划制订</td><td>5</td><td></td></tr>
<tr><td colspan="2">(2)是否主动寻找解决问题的方法</td><td>5</td><td></td></tr>
<tr><td colspan="2">(3)是否参与小组决策,积极完成工作任务</td><td>5</td><td></td></tr>
<tr><td colspan="2">3.任务实施效果</td><td>60</td><td></td></tr>
<tr><td rowspan="5">设立旅行社</td><td>团队协作,活动参与度高</td><td>5</td><td></td></tr>
<tr><td>旅行社社名和 Logo 设计特色鲜明且有内涵</td><td>10</td><td></td></tr>
<tr><td>设立旅行社提交的文字材料完整且符合相关要求</td><td>10</td><td></td></tr>
<tr><td>流程图清晰、合理,符合实际设立旅行社流程</td><td>10</td><td></td></tr>
<tr><td>组织结构图清晰、合理,符合所设立旅行社实际情况</td><td>10</td><td></td></tr>
<tr><td rowspan="3">成果汇报</td><td>汇报内容结构清晰、完整</td><td>5</td><td></td></tr>
<tr><td>PPT 排版正确、设计美观</td><td>5</td><td></td></tr>
<tr><td>语言表达清晰、流畅</td><td>5</td><td></td></tr>
<tr><td colspan="2">4.任务总结与反思</td><td>10</td><td></td></tr>
<tr><td colspan="2">(1)按照时间进程完成工作任务</td><td>5</td><td></td></tr>
<tr><td colspan="2">(2)能够进行客观的评价与总结</td><td>5</td><td></td></tr>
<tr><td colspan="2">总分</td><td>100</td><td></td></tr>
</table>

模块二

旅行社产品设计与开发

项目一 设计周边短线旅游产品

项目介绍

当地的旅游资源是进行旅游产品设计的最基本的旅游吸引因素。只有在掌握了当地旅游吸引物的基础上才能够对旅游产品的策划、包装、营销各个环节进行有效的操作。

本项目要求学生在掌握市场调查相关知识的基础上,通过各种媒介手段对当地的旅游资源有一个比较全面的了解和掌握,进而完成周边短途旅游产品的设计,在设计过程中熟悉产品设计的过程和原则。

知识导图

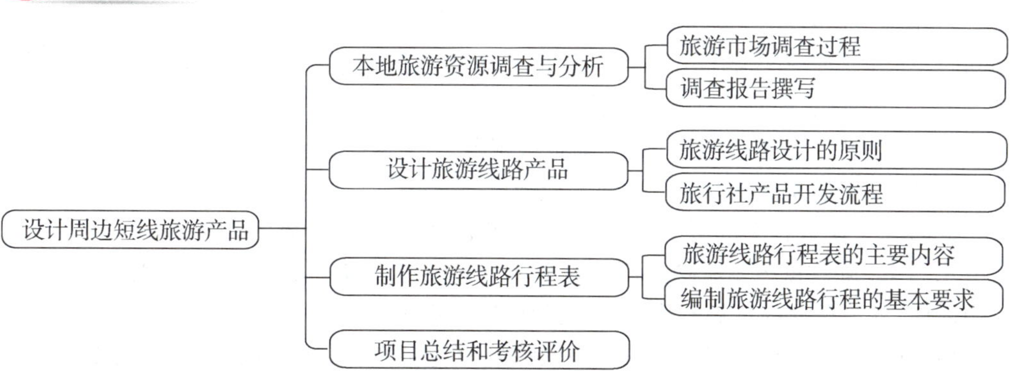

学习目标

1.素质目标:

(1)培养认真细致的工作态度,树立规范化和精细化的服务意识;

(2)激发专业热情,提高专业责任感和团队合作意识;

(3)培养开展工作的创新思维。

2.知识目标:

(1)了解市场调研的程序,熟悉市场调查方法、掌握调查报告的撰写;

(2)了解旅游线路设计的概念,熟悉旅游线路设计的环节,掌握旅游线路设计的原则;

(3)掌握旅游线路行程表的主要内容。

3.能力目标:

(1)能够采用适合的调查方法开展调研;

(2)能够对同类的旅游资源进行比较和分析,根据相关资料和调研结果,撰写当地旅游资源调研报告;

(3)能够对线路行程表进行美化;

(4)能够根据不同主题筛选旅游资源,设计周边短线旅游线路。

思政案例

旅游探索者的思考

2018 年,武汉学知研学旅行服务有限公司总经理陈雪岚入选“湖北省现代服务业领军人才”。此次湖北省共有 80 人入选,陈雪岚是其中唯一一名旅游服务行业的领军人。

2018 年,武汉刚出台《武汉市中小学生研学旅行标准》,作为本地研学行业的排头兵,陈雪岚仍感到“机遇与挑战同至”。这一标准的出台,表明研学市场的发展将更加规范有序,但也意味着更多从业者会看到市场发展的巨大潜力,将有大批优秀同行跻身其中,与武汉学知研学同台竞技。

这种挑战陈雪岚并不陌生,从事旅游业 20 年,从一线导游到企业当家人,她在不断的挑战和变化中成长起来。此前,武汉学知研学走的一直是综合发展之路,在全范围、全链条开展旅游业务,在业内颇有名声,2004 年起,连续 5 年被评为“全国百强旅行社”。2008 年开始,武汉学知研学开始做减法,减掉一个个板块:成人散客、商务、团体……专注为未成年人提供教育型旅行服务。

商界有一句名言,市场越细分越大。这句话陈雪岚深有体会,垂直深耕多年,武汉学知研学已经为百万名武汉中小学生提供夏令营旅行服务。从业务板块来看,夏令营、高校游、亲子活动、营地活动组成一系列产品线。

2013 年,武汉学知研学从“教育型旅行服务”中提炼出“修学旅行”这一概念,并开发出原创课程、服务规范等一系列配套标准。

俗话说,“摸着石头过河”,可是,当水下连石头都没有时,该怎么过河?

2013 年,陈雪岚率团队踏入研学这个细分领域时,没有任何经验可以参照借鉴,“当时的情形,就连过河的石头都摸不到。”陈雪岚回忆说。

如果说第一次市场细分还处在熟悉领域、可控范围,那么,2013 年公司的整体转型则被视为一场冒险。有过类似经历的人应该懂,决定启程的那一刻是很艰难的,之后反而会轻松释怀。人在没有足够的经历之前,不会真正明白自己到底要的是什么,需要尝试、需要改变,甚至需要冒险。这个过程中会有徘徊、会有沮丧、会有怀疑与被怀疑,但是经历过了,内心才会无比强大!

遇到没有石头的河该怎么办?

那就干脆造一座桥吧!在请教与考察之后,陈雪岚把课程研发中心和师资服务中心两个新成立的部门,定为桥的两大基座。

陈雪岚认为,研学旅行实际是旅游和教育的跨界融合,以旅行为载体,以教育为本质，两者相辅相成，缺一不可。一方面，旅行中的所有元素要转化为教育产品，研发人员尤为重要；另一方面，研发出的产品要线下落地，研学导师就要具备导游和老师的双重角色。

事实证明，陈雪岚眼光独到。2016 年，国家相关部委正式提出“研学旅行”，并将其纳入教学计划。武汉学知内部反复学习发现，研学旅行与修学旅行仅一字之差，内容、内涵完全相同。

如今，武汉学知研学研发中心编制的《研学旅行服务规范》已经成为国家标准，原创研发的 100 多门研学课程已经成为企业开拓市场的拳头产品。而研学导师队伍的发展壮大，则是展现企业专业服务、积累优良口碑的最佳渠道。

据湖北权威媒体《楚天都市报》报道，仅 2017 年武汉学知研学服务的中小学生就达 40 万人次。在陈雪岚看来，做研学旅行不光是商业战略，更有社会价值。研学旅行的本质是教育，在旅行中用潜移默化的影响，让孩子们将所见、所闻、所做、所思都转化为自己成长路上的动力。

还有，教育的对象不只是孩子，还包括旅游业的同行。武汉学知研学不断地总结自己对于研学旅行的经验和教训，结集成书，与同行无偿分享。陈雪岚参与编写的《最美的教育，在路上》是国内第一本研学旅行方面的实用教材。

（**资料来源：** 武小知.一位旅行社总经理的多重角色[OL].《中国旅游报》,2018-10-25.）

案例思考：“怀匠心，践匠行”，无论是经营旅行社，还是开发旅游产品，无论做人，还是做事，唯有专注而不浮躁，跟紧前沿知识学习，不断追求卓越、锲而不舍、精益求精，才能把事情做出色。

任务一

本地旅游资源调查与分析

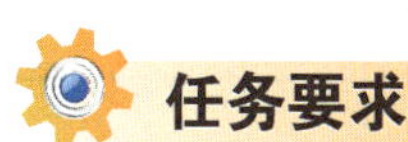

任务要求

旅游企业设计旅游线路是为了将其推向市场进行销售，在进行线路设计时，既需要考虑当地旅游资源，又需要考虑同类资源之间的竞争力。旅游线路设计出来后，能不能受到市场的欢迎与认可，取得较高的市场份额和较好的经济效益，与旅游线路设计过程中是否进行市场调研有着非常密切的关系。现需要你运用市场调研的相关知识进行本地旅游资源调查。

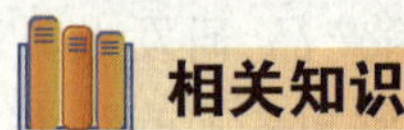

相关知识

本地旅游资源调查与分析

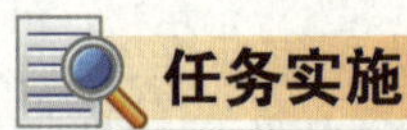

任务实施

对本地旅游资源进行调查，了解旅游资源类型，对比分析不同地区同类旅游资源的特色及其竞争力，撰写旅游资源调查报告。

1.通过网上查阅资料和实地调研的形式对本地区的旅游资源进行调查，调查内容如下：

（1）本地旅游资源的数量；

（2）本地旅游资源的类型；

（3）本地旅游资源地理分布；

（4）本地旅游资源吸引力；

（5）本地旅游资源开发状况；

（6）本地旅游资源基础设施；

（7）本地旅游资源的交通条件、可达性。

2.通过上网查阅资料，调查相邻区域旅游资源是否与当地旅游资源类型相似，构成对同一潜在游客市场的有力竞争。

3.汇总旅游资源调查和周边旅游资源调查的结果，填写本地旅游资源调查表（见表 2-1-1）、周边旅游资源调查表（见表 2-1-2），分析本省的旅游资源特点与目前的发展状况，撰写当地旅游资源调研报告。

注意事项及要求：

1.根据调查内容灵活选取多种调查方式，可以通过网络、电话、实地调研等多种方式进行。

2.教师进行协调，每组负责调研报告一部分的撰写，最后汇总成一个比较全面的调研报告。

表 2-1-1　××地区旅游资源调查表

调查小组成员：						
序号	名称	位置	面积	资源类型	景区等级	游客数量
1						
2						
……						
记录人：		汇总人：			审核人：	

表 2-1-2 ××地区周边旅游资源调查表

调查小组成员：						
序号	名称	位置	面积	资源类型	景区等级	游客数量
1						
2						
……						
记录人：		汇总人：		审核人：		

任务评价：

按照任务评分表（见表 2-1-3）的评分标准进行评价，并做好详细记录，根据评分表评选出最佳任务小组，教师可根据实际情况给予适当的奖励。

表 2-1-3 任务评分表

考核项目：开展本地旅游资源调查		班级：	姓名：
小组名称：		小组组长：	
小组成员：			
总体评价	完成时间	提前	
		准时	
		超时	
	完成质量	优秀	
		良好	
		有待改进	
过程评价	评价标准	分值	得分
	运用多种渠道，主动学习相关知识，提升能力	15	
	灵活运用调研方法获取信息	15	
	有目的、有计划地开展工作	10	
	调研过程积极、主动	10	
	调研报告内容翔实、客观、表达清晰	40	
	团队协作	10	
总分		100	

课后任务

1.你认为旅游资源调查的重要性体现在哪里？如何做才能保证调查的效果？

2.旅游资源调查方法有哪些？

3.如何开展旅游资源调查？

4.市场调查报告一般包括哪些内容？

任务二 设计旅游线路产品

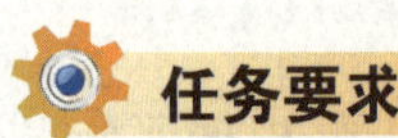

任务要求

旅行社行业是服务性的行业，主要工作是为游客提供服务。这些服务有的是以纯劳务形式出现，如导游服务，为游客代订酒店、机票等服务，而有的则是通过满足旅游者在旅游过程中的各种需求来体现。其中旅游线路产品就是旅行社产品的最主要表现形式，也是旅行社的经营发展的重要基石。现需要你运用旅游线路设计的知识，开发能够满足旅游市场需求的特色旅游线路产品。

相关知识

设计旅游线路产品

任务实施

结合当地旅游资源，在进行旅游资源市场分析的基础上，设计一条旅游线路。

1.确定产品的市场定位，然后根据资源特色、地理位置和环境条件提出鲜明主题，线路主题需具有感召力和实践性。

2.根据主题选择旅游城市景点、旅游景区景点。注意优化原则，各旅游景点应各具特色、丰富多彩、主题突出。

3.充分考虑目标顾客的需求，选择交通工具，确定出发和到达时间。

4.计划活动日程，安排每天活动，合理安排停留时间，体现劳逸结合、丰富多彩、高潮迭起的原则。

5.结合酒店和餐馆的硬件设施、服务状况、地理位置、价格水平等选择合适的餐饮住宿。遵循物美价廉、环境优雅、交通便利、有特色的原则。

6.根据不同主题、不同内容、不同级别、不同结构的旅游产品安排策划娱乐活动。遵循安全第一、内容丰富、体现特色文化的原则。

注意事项及要求：

1.小组同学头脑风暴，反复推敲主题，论证之后确定。

2.小组成员分别阐述自己的线路安排，综合讨论之后确定。

任务评价:

按照任务评分表(见表2-1-4)的评分标准进行评价,并做好详细记录,根据评分表评选出最佳任务小组,教师可根据实际情况给予适当的奖励。

表2-1-4　任务评分表

考核项目:设计周边短线旅游产品		班级:	姓名:
小组名称:		小组组长:	
小组成员:			
总体评价	完成时间	提前	
		准时	
		超时	
	完成质量	优秀	
		良好	
		有待改进	
过程评价	评价标准	分值	得分
	运用多种渠道,主动学习相关知识,提升能力	10	
	有目的、有计划地开展工作	10	
	线路设计过程积极、主动	10	
	线路设计定位准确	10	
	线路设计合理、内容完整	40	
	线路设计特色鲜明,有一定的创新	10	
	分工明确,能够团队协作	10	
总分		100	

课后任务

1.作为一名旅行社产品设计人员,你认为什么样的旅游线路产品才是符合市场需求的?

2.旅游线路设计有哪些原则?

3.简述旅行社产品开发的流程。

任务三

制作旅游线路行程表

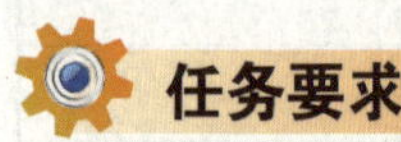

任务要求

旅游线路行程表是旅游线路产品的重要组成部分，是旅游线路对顾客产生吸引力的重要来源。现需要根据已设计的旅游线路产品，制作详细的旅游线路行程表。

相关知识

制作旅游线路行程表

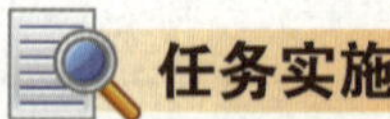

任务实施

根据当地旅游资源，结合旅游线路设计，制作旅游线路行程表。

1.小组确定好线路安排之后，将线路行程安排可视化，制作旅游线路行程表；

2.为了让线路更具有吸引力，对文档进行润色，以便打动旅游消费者购买。

注意事项及要求：

1.活动以学生分组的形式进行，小组成员注意分工协作，各司其职，按时完成任务；

2.小组成员共同完成最终成果：××旅行社××线路行程表。

任务评价：

按照任务评分表（见表2-1-5）的评分标准进行评价，并做好详细记录，根据评分表评选出最佳任务小组，教师可根据实际情况给予适当的奖励。

表 2-1-5　任务评分表

考核项目：设计周边短线旅游产品		班级：	姓名：
小组名称：		小组组长：	
小组成员：			
总体评价	完成时间	提前	
		准时	
		超时	
	完成质量	优秀	
		良好	
		有待改进	

续表

	评价标准	分值	得分
过程评价	运用多种渠道,主动学习相关知识,提升能力	10	
	有目的、有计划地开展工作	10	
	线路行程制作过程积极、主动	10	
	旅游行程内容符合要求,设计合理	20	
	线路行程具有吸引力	30	
	线路行程表美观、大方	10	
	小组分工明确,能够团队协作	10	
总分		100	

课后任务

1.在编制旅游线路行程表时,可以从哪些方面凸显旅游线路产品的特色?

2.旅游线路行程表一般包括哪些内容?

3.编制旅游线路行程表有哪些要求?

项目总结和考核评价

任务要求

旅游线路设计汇报是旅行社旅游产品开发决策的重要一环。旅游线路产品设计存在粗与细、详与略、简与繁、畅与阻之分;从文字表达上看,又有优与劣、美与丑、精与糙、准与误的区别。优秀的旅游线路设计产品,像磁石一样牢牢地吸引着游客。现需要你对自己设计的旅游线路产品进行汇报展示。要求汇报内容结构清晰、内容全面,语言流畅,汇报产品特色突出,新颖有创意,PPT 设计精美,语言表达具有感染力。

任务实施

对周边短线旅游产品设计过程及结果进行汇报。

1.以小组为单位,交流汇报调研成果,组与组之间师生互动,每组在规定时间完成汇报 PPT 的制作并进行现场展示。汇报要点如下:

(1)线路主题;

(2)线路介绍；

(3)主要景点介绍；

(4)与大众线路相比的优势。

2.学生自评、互评，小组组长点评各个组员的工作成效，指导教师要注意引导学生勇于表达、质疑，锻炼学生的逻辑思维与语言表达能力以及创新能力。

3.指导教师给各组评分，并进行有针对性的点评，汇总各组成果并给出成绩。

注意事项及要求：

汇报过程中小组之间注意发现问题，并及时提出问题，之后大家共同讨论解决问题。

任务评价：

按照任务评分表的评分标准进行学生自评、互评和教师评价，评选出最佳任务小组，教师可根据实际情况给予适当的奖励。小组自评表、小组互评表、教师评价表如表 2-1-6、表 2-1-7、表 2-1-8 所示。

表 2-1-6　小组自评表

考核项目：设计周边短线旅游产品			考核时间：
所在班级：		小组名称：	
小组负责人：	小组成员：		
过程评价	完成时间	提前	
		准时	
		超时	
	完成质量	优秀	
		良好	
		一般	
结果评价	评价标准	分值	得分
	工作开展积极主动	10	
	灵活运用多种方法搜集资料	10	
	认真完成各项任务	20	
	分工合理、团队协作	20	
	线路主题鲜明，要素完整，有特色	40	
总分		100	
项目学习反思与总结：			

表 2-1-7　小组互评表

<table>
<tr><td colspan="2">考核项目:设计周边短线旅游产品</td><td>分值</td><td>得分</td></tr>
<tr><td rowspan="5">成果汇报</td><td>信息收集全面</td><td>20</td><td></td></tr>
<tr><td>工作效率高</td><td>20</td><td></td></tr>
<tr><td>课堂展示流畅</td><td>20</td><td></td></tr>
<tr><td>线路设计有特色</td><td>30</td><td></td></tr>
<tr><td>团队协作较好</td><td>10</td><td></td></tr>
<tr><td colspan="2">总分</td><td>100</td><td></td></tr>
</table>

表 2-1-8　教师评价表

<table>
<tr><td colspan="2">考核项目:设计周边短线旅游产品</td><td colspan="2">班级:</td></tr>
<tr><td colspan="2">小组名称:</td><td colspan="2">小组组长:</td></tr>
<tr><td colspan="4">小组成员:</td></tr>
<tr><td colspan="2">评价标准</td><td>分值</td><td>得分</td></tr>
<tr><td colspan="2">1.自主学习程度</td><td>15</td><td></td></tr>
<tr><td colspan="2">(1)能够正确理解任务的要求与目标</td><td>5</td><td></td></tr>
<tr><td colspan="2">(2)能够合理运用多种方法收集信息</td><td>5</td><td></td></tr>
<tr><td colspan="2">(3)能够自主获得与任务有关的新知识</td><td>5</td><td></td></tr>
<tr><td colspan="2">2.任务参与程度</td><td>15</td><td></td></tr>
<tr><td colspan="2">(1)是否主动参与计划制订</td><td>5</td><td></td></tr>
<tr><td colspan="2">(2)是否主动寻找解决问题的方法</td><td>5</td><td></td></tr>
<tr><td colspan="2">(3)是否参与小组决策,积极完成工作任务</td><td>5</td><td></td></tr>
<tr><td colspan="2">3.任务实施效果</td><td>60</td><td></td></tr>
<tr><td rowspan="5">设计周边短线旅游产品</td><td>团队协作,活动参与度高</td><td>5</td><td></td></tr>
<tr><td>资料收集全面、高效</td><td>10</td><td></td></tr>
<tr><td>调查报告翔实、准确,调查方法恰当</td><td>10</td><td></td></tr>
<tr><td>线路设计合理、具有一定创意</td><td>10</td><td></td></tr>
<tr><td>制作旅游线路行程表内容完整翔实</td><td>10</td><td></td></tr>
<tr><td rowspan="3">成果汇报</td><td>汇报内容结构清晰、完整</td><td>5</td><td></td></tr>
<tr><td>PPT 排版正确、设计美观</td><td>5</td><td></td></tr>
<tr><td>语言表达清晰、流畅</td><td>5</td><td></td></tr>
<tr><td colspan="2">4.任务总结与反思</td><td>10</td><td></td></tr>
<tr><td colspan="2">(1)按照时间进程完成工作任务</td><td>5</td><td></td></tr>
<tr><td colspan="2">(2)能够进行客观的评价与总结</td><td>5</td><td></td></tr>
<tr><td colspan="2">总分</td><td>100</td><td></td></tr>
</table>

设计国内长线旅游产品

近年来国内旅游市场由卖方市场向买方市场过渡，旅游企业间的竞争日益白热化，加之旅游企业对旅游产品重视不够，不愿在旅游产品设计上耗费时间、资金和精力，导致国内旅游企业的线路、产品单一，同质化严重，使得企业陷入以价格竞争为主的过度竞争旋涡中无法自拔。这一恶性循环不仅使旅游企业的利润率普遍下降，更造成旅游产品内容缩水，质量下降，反过来又进一步加速旅游企业效益的下滑。

本项目主要是提升学生设计主题旅游线路的能力，学生通过掌握市场调查的基本方法，能够通过游客需求市场信息的分析获得有价值的旅游产品设计思路，进而设计出有针对性的旅游线路。

知识导图

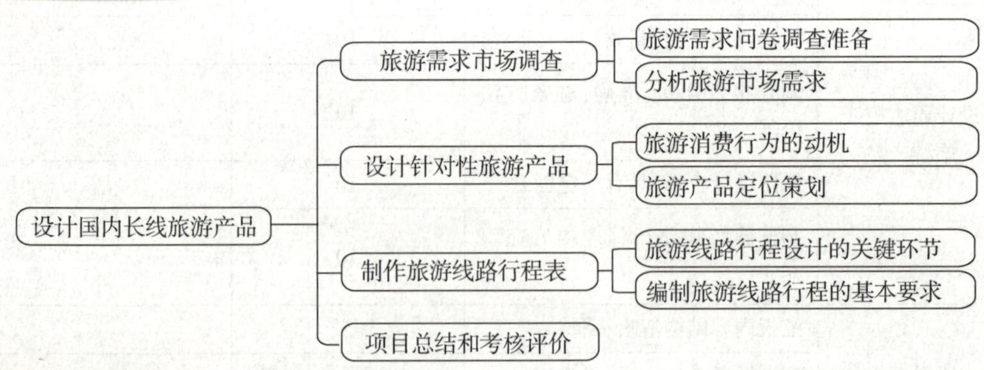

学习目标

1.素质目标

(1)培养认真细致的工作态度，树立规范化和精细化的服务意识；

(2)激发专业热情，提高专业责任感和团队合作意识；

(3)培养创新思维和用户至上的服务理念；

(4)培养诚实守信、求真务实、自我总结的精神。

2.知识目标

(1)掌握问卷设计的方法;

(2)熟悉旅游动机的类型;

(3)熟悉旅游定位策划的内容;

(4)掌握主题旅游线路设计的环节。

3.能力目标

(1)能够设计旅游需求调查问卷,调查目标人群的旅游需求,并对结果进行分析;

(2)能够针对旅游需求调查结果,设计针对性的旅游线路产品;

(3)能够根据不同主题筛选旅游资源,设计旅游线路;

(4)能够围绕主题特色,制作旅游线路行程表。

思政案例

福建旅行社深耕工业游

福建工业发展历史悠久,不仅有服装、机械装备产品等重要的制造业基地,还有茶、竹木、陶瓷等传统制造产业。2016 年,福建引进并推出观光工厂这一工业旅游形式,先后评选了 97 家省级观光工厂。

福建众信优游国际旅行社有限公司设立研学游学业务板块,深耕工业研学游等细分市场。2020 年以来,该公司相继推出了"福州直升机航空基地研学之旅""古田银耳生产探寻之旅""武夷山茶业体验之旅""永春老醋生产探寻之旅""厦门古龙肉酱加工探寻之旅""和声钢琴厂半日游""福州茉莉花茶研学之旅"等工业研学旅游线路。

"开发工业旅游市场,最难的是产品设计。设计每个工业研学旅行产品,都要与企业进行深入的沟通。要在有限的时间内,让游客更全面地了解产品的内涵。"以武夷山茶文化体验研学产品为例,为了让游客体验从采茶到制茶的全过程,旅行社与茶厂沟通,在茶园里专门开辟了游客采茶区,由制茶老师傅亲手教游客制茶,让游客更加深入地了解武夷山茶文化。

福建众信优游国际旅行社有限公司研学游学事业部总经理陈彦羽表示,该社将继续以文旅融合为工业研学旅行的核心,与福建优秀的工业企业合作,共建研学旅行基地,并依托众信优游国际旅行社有限公司全国直采优势与渠道优势,将福建最具代表性的工业游研学产品,如"茶文化""海丝文化"等体验类产品面向全国推广;培养研学导师团队,提高产品的专业度和含金量,吸引全国各地的游客到福建体验深度工业游。

(**资料来源:** 李金枝,吴健芳.福建旅行社深耕工业游[OL].《中国旅游报》,2020-12-29.)

案例思考: 随着经济发展与时代的进步,旅游产品细分化趋势更加明显,红色主题旅游、文化特色游、乡村游、康养产品、亲子游、工业游、研学旅行、定制游越来越多,旅行社需要以全域旅游视角,深挖本地特色和优势,推动文化和旅游深度融合发展依托文旅产业升级做进一步深耕,力求突出创新性、群众性、参与性,打造属于自己的品牌。

任务一

旅游需求市场调查

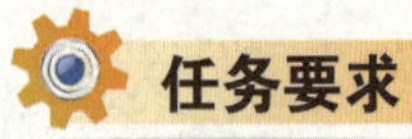

任务要求

游客需求调查是旅游产品设计前期必需的环节，只有更好地确定游客的需求特征，才能有的放矢地设计出适应市场需求的产品。否则，产品设计只能是无源之水、无本之木。问卷调查是了解旅游目标市场需求最常用的一种方法。现需要你运用问卷调查与分析的知识，针对目标人群开展问卷调查与需求分析。

相关知识

旅游需求市场调查

任务实施

根据市场细分的方法，挑选某一目标市场开展旅游需求问卷调查，并利用互联网进行数据收集与数据分析，撰写目标群体旅游需求分析报告。

1.根据市场细分标准中的人口因素进行市场细分，结合当地旅游资源特点，筛选其中一个目标市场进行旅游需求调查准备。

2.设计调查问卷，要求问卷结构完整，问卷调查内容与问卷调研目的一致。

3.根据需求，开展问卷调查，收集调查数据。对数据进行筛选、整理，保证数据的真实性、正确性。

4.对调研结果进行数据分析，利用互联网收集相关数据与问卷调查结论相互印证，针对调研结果，撰写目标群体旅游消费需求分析报告。

注意事项及要求：

1.市场细分标准：地理、人口、心理、行为，其中常见人口因素包括：年龄、收入、教育程度、职业、家庭生命周期等。

2.问卷设计后要根据问卷设计原则仔细进行检查，同时进行组内互试调查，确保问卷的正确性。

3.小组内注意任务分配与合作。

任务评价：

按照任务评分表（见表2-2-1）的评分标准进行评价，并做好详细记录，根据评分表评选出最佳任务小组，教师可根据实际情况给予适当的奖励。

表 2-2-1　任务评分表

<table>
<tr><td colspan="3">考核项目：旅游需求市场调查</td><td colspan="2">班级：</td><td>姓名：</td></tr>
<tr><td colspan="3">小组名称：</td><td colspan="3">小组组长：</td></tr>
<tr><td colspan="6">小组成员：</td></tr>
<tr><td>评价类别</td><td>工作过程及结果评价</td><td>分值</td><td>个人评价</td><td>组内互评</td><td>教师评价</td></tr>
<tr><td rowspan="5">综合能力</td><td>任务分配</td><td>15</td><td></td><td></td><td></td></tr>
<tr><td>目标市场选择</td><td>10</td><td></td><td></td><td></td></tr>
<tr><td>问卷设计</td><td>20</td><td></td><td></td><td></td></tr>
<tr><td>问卷回收与数据整理</td><td>30</td><td></td><td></td><td></td></tr>
<tr><td>调研结果分析</td><td>25</td><td></td><td></td><td></td></tr>
<tr><td colspan="2">总分</td><td></td><td></td><td></td><td></td></tr>
<tr><td>评语</td><td colspan="5"></td></tr>
</table>

课后任务

1.在旅游需求市场调查过程中，如何做才能够确保调查信息的准确性？

2.调查问卷一般由哪些部分构成？

3.问卷设计要遵循哪些原则？

4.可以采用哪些方式呈现问卷调查的结果？

任务二 设计针对性旅游产品

任务要求

按照主题定位进行旅游产品打造，可以突出旅游产品特色，提高产品吸引力。消费者自身的欲望是消费者做出购买决策的主因，分析旅游者消费行为的动机，可以为旅游产品开发和旅游市场拓展提供科学的依据。现需要你运用旅游者消费行为的动机和旅游产品设计的相关知识，根据目标人群的消费特点设计主题旅游产品。

相关知识

设计针对性旅游产品

任务实施

根据目标群体的消费特点，结合旅游目的地的旅游资源，拟定旅游线路的主题，筛选恰当的旅游资源，策划长线主题旅游产品。

1.根据特殊群体的消费特点确定旅游线路的主题、目的和意义；

2.根据确定好的主题和群体特点选择旅游城市节点，调查该地区旅游资源，绘制简易地图，确定景区节点；

3.充分考虑目标顾客的需求，选择交通工具，确定出发和到达时间；

4.计划活动日程，安排每天活动，合理安排停留时间，体现劳逸结合、丰富多彩、节奏感强、高潮迭起的原则；

5.结合酒店和餐馆的硬件设施、服务状况、地理位置、价格水平等选择合适的餐饮住宿，遵循物美价低、环境优雅、交通便利、富有特色的原则；

6.根据不同主题、不同内容、不同级别、不同结构的旅游产品安排策划娱乐活动，遵循安全第一、内容丰富、雅俗共赏、体现特色文化的原则。

注意事项及要求：

1.小组同学头脑风暴，反复推敲主题，论证之后确定。

2.小组成员分别阐述自己的线路安排，综合讨论之后确定。

任务评价：

按照任务评分表(见表2-2-2)的评分标准进行评价，并做好详细记录，根据评分表评选出最佳任务小组，教师可根据实际情况给予适当的奖励。

表2-2-2 任务评分表

考核项目：设计长线主题游产品		班级：	姓名：
小组名称：		小组组长：	
小组成员：			
总体评价	完成时间	提前	
		准时	
		超时	
	完成质量	优秀	
		良好	
		有待改进	

续表

	评价标准	分值	得分
过程评价	运用多种渠道，主动学习相关知识，提升能力	10	
	有目的、有计划地开展工作	10	
	线路设计过程积极、主动	10	
	线路设计主题明确，有吸引力	10	
	线路设计合理、内容完整、符合主题	40	
	线路设计特色鲜明，有一定的创新	10	
	分工明确，能够团队协作	10	
总分		100	

课后任务

1.什么样的主题旅游产品能够满足寻求社交、尊重和自我实现旅游动机的消费者？
2.常见的旅游动机有哪些？
3.基于旅游动机，我们可以把旅游者分成哪些类型？
4.如何进行旅游产品定位策划？

制作旅游线路行程表

任务要求

在调研旅游需求的基础上，现需要为已设计的主题旅游线路产品，制作特色鲜明的旅游线路行程表。设计过程注意旅游线路行程设计的关键环节，做好行程设计的充足准备。

相关知识

制作旅游线路行程表

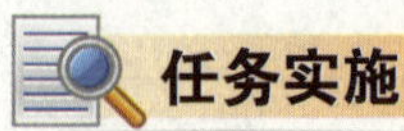

任务实施

根据长线主题游产品设计构思，围绕主题，结合旅游目的地的旅游资源和旅游特色，选择目标市场，针对所选目标市场的游客特征，制作旅游线路行程表。

1.小组通过抽签方式选择目标市场，结合目标市场进行消费者需求分析；

2.针对消费者特征，围绕拟定的产品主题，确定线路安排，进行旅游项目的筛选，进行特色描述；

3.将线路行程安排可视化，制作旅游线路行程表；

4.对描述进行优化，对行程表进行美化，突出主题，提高其对旅游消费者的吸引力。

注意事项及要求：

1.活动以学生分组的形式进行，小组成员注意分工协作，各司其职，按时完成任务；

2.小组成员共同完成最终成果：××旅行社××主题线路行程表。

任务评价：

按照任务评分表(见表2-2-3)的评分标准进行评价，并做好详细记录，根据评分表评选出最佳任务小组，教师可根据实际情况给予适当的奖励。

表2-2-3　任务评分表

考核项目：设计国内长线旅游产品		班级：	姓名：
小组名称：		小组组长：	
小组成员：			
总体评价	完成时间	提前	
		准时	
		超时	
	完成质量	优秀	
		良好	
		有待改进	
过程评价	评价标准	分值	得分
	运用多种渠道，主动学习相关知识，提升能力	10	
	有目的、有计划地开展工作	10	
	线路行程制作过程积极、主动	10	
	旅游行程设计合理，能够突出主题	20	
	旅游行程内容适合目标市场需求，具有吸引力	30	
	线路行程表精美、大方，与主题相符	10	
	小组分工明确，能够团队协作	10	
总分		100	

课后任务

1.你认为主题线路产品的"旅游线路行程表"与一般旅游线路产品的"旅游线路行程表"在制作要求上是否一样?

2.旅游线路行程设计有哪些关键环节?

3.旅游线路行程设计需要注意哪些问题?

任务四 项目总结和考核评价

任务要求

个性化旅游的需求推动旅游走向主题化和特色化,主题突出可以使得旅游线路充满魅力和生命力,而特色则依靠的是有内在联系的旅游点串联起来的性质或形式。现需要你对自己设计的主题旅游线路产品及设计过程进行汇报展示。

任务实施

以小组为单位,对国内长线主题旅游产品设计过程及结果进行汇报,交流汇报调研成果,组与组之间师生互动,每组在规定时间内完成汇报 PPT 的制作并进行现场展示。汇报要点如下:

1.主题旅游产品设计准备

(1)旅游市场需求调查情况;

(2)旅游消费者动机分析;

(3)旅游产品定位策划。

2.主题旅游产品设计内容

(1)线路主题;

(2)线路、主要景点、住宿、娱乐项目介绍;

(3)主题旅游线路的优势、市场吸引力。

3.学生自评、互评,小组组长点评各个组员的工作成效,指导教师要注意引导学生勇于表达、质疑,锻炼学生的逻辑思维与语言表达能力以及创新能力。

4.指导教师给各组评分,并进行有针对性的点评,汇总各组成果并给出成绩。

注意事项及要求:

多样的旅游消费动机形成了不同的旅游消费需求,因此也产生了丰富的主题设计空间,但唯有能够打动目标消费者的主题旅游产品才具有强劲的市场竞争力。因此,汇报要注意主题的新颖创意、产品内容的吸引力、语言表达的感染力、旅游消费动机的剖析、旅游消费对该主题旅游产品的需求程度等方面。

汇报过程中小组之间注意发现问题，并及时提出问题，之后大家共同讨论解决问题。

任务评价：

按照任务评分表的评分标准进行学生自评、互评和教师评价，评选出最佳任务小组，教师可根据实际情况给予适当的奖励。小组自评表、小组互评表、教师评价表分别如表 2-2-4、表 2-2-5、表 2-2-6 所示。

表 2-2-4　小组自评表

<table>
<tr><td colspan="3">考核项目：设计国内长线主题旅游产品</td><td>考核时间：</td></tr>
<tr><td colspan="2">所在班级：</td><td colspan="2">小组名称：</td></tr>
<tr><td>小组负责人：</td><td colspan="3">小组成员：</td></tr>
<tr><td rowspan="6">过程评价</td><td rowspan="3">完成时间</td><td>提前</td><td></td></tr>
<tr><td>准时</td><td></td></tr>
<tr><td>超时</td><td></td></tr>
<tr><td rowspan="3">完成质量</td><td>优秀</td><td></td></tr>
<tr><td>良好</td><td></td></tr>
<tr><td>一般</td><td></td></tr>
<tr><td rowspan="8">结果评价</td><td>评价标准</td><td>分值</td><td>得分</td></tr>
<tr><td>工作开展积极主动</td><td>10</td><td></td></tr>
<tr><td>灵活运用多种方法搜集资料</td><td>10</td><td></td></tr>
<tr><td>汇报内容全面、准确</td><td>10</td><td></td></tr>
<tr><td>主题旅游产品设计准备工作全面细致</td><td>20</td><td></td></tr>
<tr><td>主题旅游产品设计内容全面、准确</td><td>20</td><td></td></tr>
<tr><td>展示效果</td><td>20</td><td></td></tr>
<tr><td>团队合作</td><td>10</td><td></td></tr>
<tr><td colspan="2">合计得分</td><td>100</td><td></td></tr>
<tr><td colspan="4">项目学习反思与总结：</td></tr>
</table>

表 2-2-5　小组互评表

考核项目：设计国内长线主题旅游产品		分值	得分
成果汇报	信息收集全面	15	
	工作效率高	15	
	课堂展示流畅	20	
	汇报成果富有成效	40	
	团队协作	10	
总分		100	

表 2-2-6　教师评价表

考核项目：设计国内长线主题旅游产品		班级：	
小组名称：		小组组长：	
小组成员：			
评价标准		分值	得分
1.自主学习程度		15	
(1)能够正确理解任务的要求与目标		5	
(2)能够合理运用多种方法收集信息		5	
(3)能够自主获得与任务有关的新知识		5	
2.任务参与程度		15	
(1)是否主动参与计划制订		5	
(2)是否主动寻找解决问题的方法		5	
(3)是否参与小组决策，积极完成工作任务		5	
3.任务实施效果		60	
设计国内长线主题旅游产品	团队协作，活动参与度高	5	
	目标群体的旅游需求问卷调查真实准确	10	
	旅游消费动机分析合理	10	
	设计旅游线路合理，有一定创意	10	
	制作旅游线路行程表合理	10	
成果汇报	汇报内容结构清晰、完整	5	
	PPT 排版正确、设计美观	5	
	语言表达清晰、流畅	5	
4.任务总结与反思		10	
(1)按照时间进程完成工作任务		5	
(2)能够进行客观的评价与总结		5	
总分		100	

设计出境旅游产品

项目介绍

出境旅游，是旅游的一种，通常指到自己国家以外的国家或地区旅游度假，是领略异国风情文明的最直接的方式，涵盖的内容可以细分到各目的地。随着我国经济发展和人民生活水平的不断提高，普通的旅游线路已经不能满足广大旅游者的进一步需求，中国出境旅游市场呈现出旺盛的需求。

本项目主要学习如何设计出境旅游线路产品，主要包括出境旅游市场调查、设计出境旅游线路。

知识导图

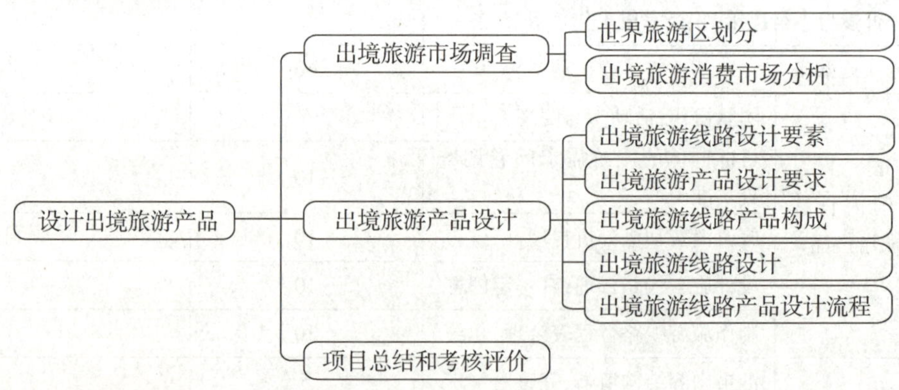

学习目标

1.素质目标：

(1)激发专业热情，提高专业责任感和团队合作意识；

(2)培养开展工作的创新思维；

(3)塑造诚信服务、追求卓越、精益求精、用户至上的工匠精神。

2.知识目标

(1)熟练掌握旅游线路设计的内容和原则;

(2)掌握出境旅游线路设计的要点。

3.能力目标

(1)能够对出境旅游市场需求与供给情况开展市场调查;

(2)能根据游客需求开发出定制旅游线路。

思政案例

人民至上、生命至上

新冠疫情发生后,我国出入境游按下“暂停键”。2021年10月23日,文化和旅游部办公厅发出《关于从严从紧抓好文化和旅游行业疫情防控工作的紧急通知》,明确要求“严格做好外防输入工作。旅行社及在线旅游企业不得经营出入境团队旅游和‘机票+酒店’业务,不得以任何形式搞变通”。

《“十四五”旅游业发展规划》(以下简称《规划》)中33次提到“新冠肺炎疫情”,20次提到“新冠肺炎疫情防控”,国家对新冠肺炎疫情防控、大众出游安全的重视程度由此可见。

对于如何处理好发展出入境旅游和守好新冠肺炎疫情防控安全防线的关系,中国旅游研究院国际旅游研究所所长杨劲松认为,《规划》坚决贯彻习近平总书记“把人民群众生命安全和身体健康放在第一位”的指示精神,坚持人民至上、生命至上。全球新冠肺炎疫情得到有效控制是发展出入境游的根本前提。虽然新冠疫情得到有效控制的时间表尚不明确,但是并不意味着业界可以“无所作为”。在及时研判新冠疫情防控形势的同时,业界可从现在着手准备,比如:加强政策储备、资源支撑、组织保障,推进新产品开发和有针对性的推广等。

凯撒旅游总裁陈杰认为,发展出入境旅游要以守好新冠肺炎疫情防控安全底线为前提。凯撒旅游涉足出境游、入境游及国内游三大市场,从新冠肺炎疫情防控阻击战打响开始,就着手制定新冠肺炎疫情防控预警方案,注重从出行的每个环节保障游客安全。在常态化新冠肺炎疫情防控背景下,凯撒旅游将认真贯彻《规划》部署,继续做好对新冠疫情的快速响应、精准应对。

春秋旅游副总经理周卫红也认为,安全是一切旅游活动的基础。春秋旅游将严格落实防疫要求,同时积极向文化和旅游部门建言献策,助力相关政策在企业层面精准落地落实。

(**资料来源:** 守住防疫安全底线,为出入境旅游“储能”——业界聚焦《“十四五”旅游业发展规划》系列报道之二[OL].《中国旅游报》,2022-01-27.)

案例思考: 安全与食物一样重要,安全和幸福一样宝贵,安全同生命一样珍贵。没有安全,一切就只是昙花一现,旅游业乃至整个国家的发展进步就无从谈起。纵观国际国内环境,新冠疫情防控中,中国以最快的速度筑牢了人民生命安全的“防火墙”,不仅有效遏制了中国境内新冠疫情的扩散,保护了本国人民,也为维护世界公共卫生安全做出了积极贡献。

出境旅游市场调查

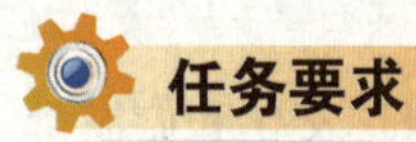

为了能更好地设计出境游定制旅游产品，旅游产品设计人员需要对世界旅游目的地的相关旅游资源和消费需求情况有相当的了解，同时，还要具备市场调查和信息处理的能力，现需要你利用互联网等多种渠道收集世界六大旅游区旅游资源情况及旅游吸引物，通过调查了解目前本地旅行社经营的出境旅游线路情况。

相关知识

出境旅游市场调查

1.通过上网查阅世界六大旅游区旅游业发展情况，调查内容如下：

(1)六大旅游区划分；

(2)地形、气候；

(3)交通条件；

(4)旅游业发展情况。

2.调查当地旅行社，填写出境旅游线路调查表(见表 2-3-1)。

注意事项及要求：

1.教师进行协调，每个小组选择不同的旅游区。

2.根据调查内容灵活选取多样的调查方式，如互联网、电话、实地调研等。

表 2-3-1　××地区出境旅游线路调查表

调查小组成员：						
序号	线路名称	天数	出发城市	途经国家	主要景点	产品特色
1						
2						
……						
记录人：			汇总人：		审核人：	

任务评价:

按照任务评分表(见表 2-3-2)的评分标准进行评价,并做好详细记录,根据评分表评选出最佳任务小组,教师可根据实际情况给予适当的奖励。

表 2-3-2 任务评分表

<table>
<tr><td colspan="2">考核项目:设计出境旅游产品</td><td>班级:</td><td>姓名:</td></tr>
<tr><td colspan="2">小组名称:</td><td colspan="2">小组组长:</td></tr>
<tr><td colspan="4">小组成员:</td></tr>
<tr><td rowspan="6">总体评价</td><td rowspan="3">完成时间</td><td>提前</td><td></td></tr>
<tr><td>准时</td><td></td></tr>
<tr><td>超时</td><td></td></tr>
<tr><td rowspan="3">完成质量</td><td>优秀</td><td></td></tr>
<tr><td>良好</td><td></td></tr>
<tr><td>有待改进</td><td></td></tr>
<tr><td rowspan="9">过程评价</td><td>评价标准</td><td>分值</td><td>得分</td></tr>
<tr><td>运用多种渠道,主动学习相关知识,提升能力</td><td>15</td><td></td></tr>
<tr><td>运用多种方式获取信息</td><td>15</td><td></td></tr>
<tr><td>有目的、有计划地开展工作</td><td>10</td><td></td></tr>
<tr><td>调研过程积极、主动</td><td>10</td><td></td></tr>
<tr><td>调研信息翔实、客观</td><td>10</td><td></td></tr>
<tr><td>本地境外线路信息收集全面</td><td>20</td><td></td></tr>
<tr><td>能够按要求、准确填写调查表</td><td>10</td><td></td></tr>
<tr><td>团队协作</td><td>10</td><td></td></tr>
<tr><td colspan="2">总分</td><td>100</td><td></td></tr>
</table>

课后任务

1.中国游客对境外旅游产品的喜好是在不断变化的,如何才能确保出境旅游线路产品的市场吸引力?

2.世界旅游区如何划分?

3.中国出境游旅游者具有哪些特征?

出境旅游产品设计

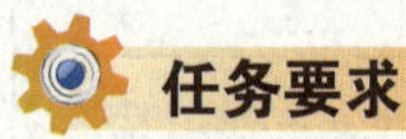

在对出境旅游目的地和旅游市场需求调查的基础上，现需要结合出境旅游产品设计要素，进行出境旅游线路产品设计。

相关知识

出境旅游产品设计

任务实施

充分了解客户需求，根据客户需求策划活动，撰写私人定制旅游方案。

1.了解客户需求，并做好记录；

2.根据客户需求确定旅游城市节点，绘制简单地图，合理安排游览顺序；

3.充分考虑目标顾客的需求，选择交通工具，确定出发和到达时间；

4.充分考虑目标顾客的需求，设计活动日程，安排每天活动；

5.选择合适的酒店，注意酒店和餐馆的硬件设施、服务状况、地理位置、价格水平等要满足目标顾客的需求；

6.根据顾客需求策划娱乐、购物等活动；

7.与客户进行沟通，根据客户提出的要求进行更改，形成线路行程表。

注意事项及要求：

1.小组成员角色扮演，由两名同学扮演顾客，其余同学扮演旅行社员工。

2.设计人员分别阐述自己的线路安排，综合讨论之后确定。

3.根据与客户的沟通，进行线路的最后确认，完成最终成果：××出境旅游线路。

按照任务评分表(见表 2-3-3)的评分标准进行评价，并做好详细记录，根据评分表评选出最佳任务小组，教师可根据实际情况给予适当的奖励。

表 2-3-3 任务评分表

<table>
<tr><td colspan="2">考核项目:设计出境旅游产品</td><td>班级:</td><td>姓名:</td></tr>
<tr><td colspan="2">小组名称:</td><td colspan="2">小组组长:</td></tr>
<tr><td colspan="4">小组成员:</td></tr>
<tr><td rowspan="6">总体评价</td><td rowspan="3">完成时间</td><td>提前</td><td></td></tr>
<tr><td>准时</td><td></td></tr>
<tr><td>超时</td><td></td></tr>
<tr><td rowspan="3">完成质量</td><td>优秀</td><td></td></tr>
<tr><td>良好</td><td></td></tr>
<tr><td>有待改进</td><td></td></tr>
<tr><td rowspan="8">过程评价</td><td>评价标准</td><td>分值</td><td>得分</td></tr>
<tr><td>运用多种渠道,主动学习相关知识,提升能力</td><td>10</td><td></td></tr>
<tr><td>有目的、有计划地开展工作</td><td>10</td><td></td></tr>
<tr><td>线路设计过程积极、主动</td><td>10</td><td></td></tr>
<tr><td>线路设计具备出境游产品要素</td><td>20</td><td></td></tr>
<tr><td>线路设计内容完整,能够满足定制顾客需求</td><td>30</td><td></td></tr>
<tr><td>线路设计特色鲜明,有一定的创新</td><td>10</td><td></td></tr>
<tr><td>分工明确,能够团队协作</td><td>10</td><td></td></tr>
<tr><td colspan="2">总分</td><td>100</td><td></td></tr>
</table>

课后任务

1.在旅游线路产品设计上,出境游旅游产品与国内游旅游产品相比有哪些需要特别注意的地方?

2.出境游旅游产品设计要素有哪些?

3.如何分析旅游团的特点?

任务三 项目总结和考核评价

任务要求

在完成国际旅游区线路调查的基础上，进行出境旅游线路产品设计，现需要对出境旅游产品策划过程及结果进行汇报。

任务实施

1.以小组为单位，交流汇报调研成果，组与组之间师生互动，每组在规定时间完成汇报 PPT 的制作，并进行限时现场展示。汇报要点如下：

（1）出境定制游产品策划准备

①出境游旅游资源特色；

②出境游旅游市场情况。

（2）出境旅游产品的设计

①线路主题；

②线路、主要景点、住宿、娱乐项目介绍；

③与客户沟通和调整情况。

2.学生自评、互评、小组组长点评各个组员的工作成效，指导教师要注意引导学生勇于表达、质疑，锻炼学生的逻辑思维与语言表达能力以及创新能力。

3.指导教师给各组评分，并进行有针对性的点评，汇总各组成果。引导学生总结旅游定制需要具备的基本职业素养，提高学生诚信服务、游客至上的服务意识。

注意事项及要求：

汇报过程中小组之间注意发现问题，并及时提出问题，之后大家共同讨论解决问题。

任务评价：

按照任务评分表的评分标准进行自评、学生互评和教师评价，评选出最佳任务小组，教师可根据实际情况给予适当的奖励。小组自评表、小组互评表、教师评价表分别如表 2-3-4、表 2-3-5、表 2-3-6 所示。

表 2-3-4 小组自评表

<table>
<tr><td colspan="3">考核项目:设计出境旅游产品</td><td>考核时间:</td></tr>
<tr><td colspan="2">所在班级:</td><td colspan="2">小组名称:</td></tr>
<tr><td>小组负责人:</td><td colspan="3">小组成员:</td></tr>
<tr><td rowspan="6">过程评价</td><td rowspan="3">完成时间</td><td>提前</td><td></td></tr>
<tr><td>准时</td><td></td></tr>
<tr><td>超时</td><td></td></tr>
<tr><td rowspan="3">完成质量</td><td>优秀</td><td></td></tr>
<tr><td>良好</td><td></td></tr>
<tr><td>一般</td><td></td></tr>
<tr><td rowspan="8">结果评价</td><td>评价标准</td><td>分值</td><td>得分</td></tr>
<tr><td>工作开展积极主动</td><td>10</td><td></td></tr>
<tr><td>灵活运用多种方法搜集资料</td><td>10</td><td></td></tr>
<tr><td>汇报内容全面、准确</td><td>10</td><td></td></tr>
<tr><td>出境定制游产品策划周全、准确</td><td>20</td><td></td></tr>
<tr><td>出境旅游产品的设计合理、有特色</td><td>20</td><td></td></tr>
<tr><td>展示效果</td><td>20</td><td></td></tr>
<tr><td>团队合作</td><td>10</td><td></td></tr>
<tr><td colspan="2">总分</td><td>100</td><td></td></tr>
<tr><td colspan="4">项目学习反思与总结:</td></tr>
</table>

表 2-3-5 小组互评表

<table>
<tr><td colspan="2">考核项目:设计出境旅游产品</td><td>分值</td><td>得分</td></tr>
<tr><td rowspan="5">成果汇报</td><td>信息收集全面</td><td>15</td><td></td></tr>
<tr><td>工作效率高</td><td>15</td><td></td></tr>
<tr><td>课堂展示流畅</td><td>20</td><td></td></tr>
<tr><td>汇报成果富有成效</td><td>40</td><td></td></tr>
<tr><td>团队协作</td><td>10</td><td></td></tr>
<tr><td colspan="2">总分</td><td>100</td><td></td></tr>
</table>

表 2-3-6　教师评价表

<table>
<tr><td colspan="2">考核项目:设计出境旅游产品</td><td colspan="2">班级:</td></tr>
<tr><td colspan="2">小组名称:</td><td colspan="2">小组组长:</td></tr>
<tr><td colspan="4">小组成员:</td></tr>
<tr><td colspan="2">评价标准</td><td>分值</td><td>得分</td></tr>
<tr><td colspan="2">1.自主学习程度</td><td>15</td><td></td></tr>
<tr><td colspan="2">(1)能够正确理解任务的要求与目标</td><td>5</td><td></td></tr>
<tr><td colspan="2">(2)能够合理运用多种方法收集信息</td><td>5</td><td></td></tr>
<tr><td colspan="2">(3)能够自主获得与任务有关的新知识</td><td>5</td><td></td></tr>
<tr><td colspan="2">2.任务参与程度</td><td>15</td><td></td></tr>
<tr><td colspan="2">(1)是否主动参与计划制订</td><td>5</td><td></td></tr>
<tr><td colspan="2">(2)是否主动寻找解决问题的方法</td><td>5</td><td></td></tr>
<tr><td colspan="2">(3)是否参与小组决策,积极完成工作任务</td><td>5</td><td></td></tr>
<tr><td colspan="2">3.任务实施效果</td><td>60</td><td></td></tr>
<tr><td rowspan="5">设计出境旅游产品</td><td>团队协作,活动参与度高</td><td>5</td><td></td></tr>
<tr><td>出境旅游市场调查资料全面、分析合理</td><td>10</td><td></td></tr>
<tr><td>表单填写完整、准确</td><td>10</td><td></td></tr>
<tr><td>客户需求分析清晰、结果明确</td><td>10</td><td></td></tr>
<tr><td>线路设计合理,有创新、特色</td><td>10</td><td></td></tr>
<tr><td rowspan="3">成果汇报</td><td>汇报内容结构清晰、完整</td><td>5</td><td></td></tr>
<tr><td>PPT 排版正确、设计美观</td><td>5</td><td></td></tr>
<tr><td>语言表达清晰、流畅</td><td>5</td><td></td></tr>
<tr><td colspan="2">4.任务总结与反思</td><td>10</td><td></td></tr>
<tr><td colspan="2">(1)按照时间进程完成工作任务</td><td>5</td><td></td></tr>
<tr><td colspan="2">(2)能够进行客观的评价与总结</td><td>5</td><td></td></tr>
<tr><td colspan="2">总分</td><td>100</td><td></td></tr>
</table>

模块三

旅行社外联销售

电话营销

项目介绍

无论是拼团的散客，还是自组包团的单位客户，他们在安排出游活动时，一般都会通过各种方式提出自己的出游需求并了解旅游线路和报价，在货比三家之后做出慎重选择。通过电话向门市询问有关旅游产品及其他旅游服务方面的问题，这是旅游者最常用、最简便的咨询方式。门市咨询人员与游客经过一定程度的互动沟通之后，予以有针对性的产品推荐，促成游客前来门市进行现场咨询或购买产品。

知识导图

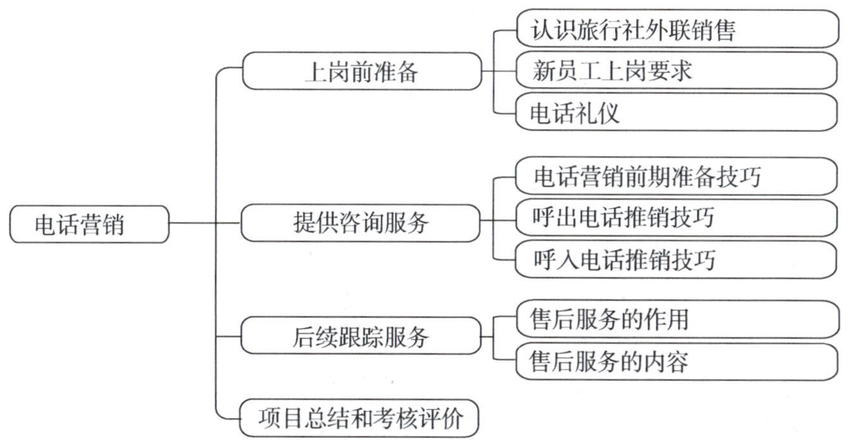

学习目标

1.素质目标

(1)工作细致认真，具备诚信服务意识，展现积极向上的服务风貌；

(2)具有良好的沟通协调能力、学习能力；

(3)具备良好的语言、文字表达能力，言谈举止得体。

2.知识目标

(1)熟悉旅游产品销售工作内容,掌握电话礼仪;

(2)熟悉电话销售流程,掌握呼出、呼入电话销售技巧;

(3)熟知售后服务的作用,掌握售后服务的内容。

3.能力目标

(1)能够做好电话营销上岗前的各项准备;

(2)能够熟练接打顾客电话,提供咨询服务,进行旅游产品推介;

(3)能够做好通话结束后的服务跟进工作,并对客户信息进行有效的归纳和整理。

思政案例

复苏中的春节市场 更考验旅行社服务

春节前夕,随着《关于对新型冠状病毒感染实施“乙类乙管”的总体方案》发布,旅游市场复苏脚步加快,各类旅游目的地机票和酒店的 OTA 平台搜索量达到疫情以来的峰值。一些旅行社企业乐观地认为,这个春节假期旅游市场将是一个货真价实的“黄金周”。但是,可观的平台搜索量会在多大程度上转化为旅游消费,其中又有多少与旅行社业务相关?

从内容上看,疫情对旅游者出游消费模式的改变主要体现在以下几个方面:一是短程性依然明显。二是高品质更加突出。自由行依然是年轻群体的首选,在消费者群体中,“90 后”占自由行客群的 50.2%。三是消费内容更加多元。旅行社业者应清醒认识到旅游消费需求已经发生变化,传统的旅游产品很难再满足旅游者的消费需求。能否适应旅游者消费模式的改变,成为旅行社企业能否做好春节假期乃至未来大众旅游服务的关键。

旅行社企业应做好以下几点:一是做好市场复苏程度的客观预判,科学判断市场消费形态和恢复状况,合理控制接待规模和投入。二是做好疫情应急管理预案,尤其是应急防疫物资准备,以应对春节假期旅行社企业组团过程中可能出现的群体性感染状况,确保游客健康安全。三是做好线下产品的定制化供给。旅行社线下门店可以发挥线上渠道不具备的沟通优势,在线下产品供给的内容上更加系统化、定制化,为不同类型的消费者提供具有针对性的产品内容。四是顺应旅游消费模式的多元化趋势,与航空公司、高铁、酒店、景区等企业开展合作,采用空铁联运、“捆绑”销售等措施,降低产品成本,拓宽营利渠道,获得更大利润空间。五是提升数字化和信息化服务能力,精准分析旅游需求特征,为内部运营效率提升、创新型产品研发提供数据支持,并将这些基础数据分享给上下游产业链的渠道商,提高服务交易成功的概率,提高企业间的合作效率。

(**资料来源:** 复苏中的春节市场 更考验旅行社服务[OL].《中国旅游报》,2023-01-20。)

案例思考: 旅行社企业运营的出发点取决于消费需求的变化,随着疫情防控政策进一步调整,旅游者对目的地供给内容的确定性需求、旅行体验的高品质需求和旅游安全需求在旅行全程需要得到更高的体现,旅行社应该利用市场营销优势、产品设计能力来满足不同客户的需求。

任务一

上岗前准备

任务要求

本任务要求学生熟悉旅行社外联销售工作，根据电话营销工作要求，在进行电话销售工作前做好自身准备、知识准备、物质准备和仪容仪表准备等工作。

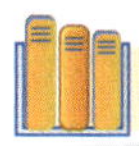

相关知识

上岗前准备

任务实施

小组成员以角色扮演的方式进行，两两一组分别扮演工作人员和顾客，小组内部进行互相点评纠错，之后进行角色互换。

1. 自身准备：保持积极的心态、高度的热情和充足的自信。

2. 知识准备：熟悉当季旅游产品，包括短途、长途、境内、境外旅游产品。

3. 物质准备：将电话机放置在方便自己接听及进行相关操作的位置上。在电话机旁准备一些必备用品（记录本、便签、水笔、计算器、客户资料等）以备记录。

4. 仪容仪表准备：着衬衫、西裤、皮鞋，女生佩戴领结或者丝巾，男生佩戴领带。发型整洁、干净，不遮挡脸部，女生可适当化淡妆。坐满椅子的 2/3，腰背挺直，小腿自然下垂，与地面垂直。

任务评价：

按照任务评分表（见表 3-1-1）的评分标准进行评价，并做好详细记录，根据评分表评选出最佳任务小组，教师可根据实际情况给予适当的奖励。

表 3-1-1 任务评分表

考核项目：电话营销上岗前准备	班级：	姓名：
小组名称：	小组组长：	
小组成员：		

续表

总体评价	完成时间	提前	
		准时	
		超时	
	完成质量	优秀	
		良好	
		有待改进	
过程评价	评价标准	分值	得分
	运用多种渠道，主动学习相关知识，提升能力	10	
	工作态度端正，精神风貌良好	20	
	物质准备齐全	20	
	仪容仪表得体	10	
	熟知旅游产品	20	
	掌握服务环节要点	20	
总分		100	

课后任务

1.作为一名外联销售的新员工，在进行对客服务时，遇到不熟悉的问题，你要如何进行解答？

2.外联销售的工作要求有哪些？

3.外联销售部门新员工有哪些上岗要求？

4.日常工作中，我们应该掌握哪些电话礼仪？

提供咨询服务

任务要求

做好电话营销准备后，学生在掌握电话营销通话前期准备技巧、呼出和呼入技巧的基础上，以小组为单位，遵照电话礼仪和电话销售服务流程，提供电话咨询服务。

相关知识

提供咨询服务

任务实施

小组成员以角色扮演的方式进行，两人一组分别扮演工作人员和顾客，在小组内部进行互相点评纠错，之后进行角色互换。

1.接听电话：电话铃声响三声之后用左手拿起电话，右手准备记录。开口报出旅行社名称，并问候“您好，××旅行社，有什么可以帮到您的？”

2.主动问询：询问客人要求，着重放在旅游的几个要素上，例如：出游的大致方向、时间、人数、期望价格等。接听电话过程中应采用愉快、自然的声音，注意音量适中、语速适宜、发音清楚、语调优美、态度和蔼、反应迅速。

3.咨询服务：根据对方给出的信息进行判断，给出符合要求的回答，并将本社有关的优惠促销等相关信息及时传递给对方。在客人讲完之前不要打断，也不可妄下结论，对于不清楚的内容要复述客人的话，以免错漏。

4.结束通话：结束通话，询问消费者“还有什么可以帮助您的吗？”并表示感谢，表达欢迎游客前来门市进行现场咨询或购买产品。等对方挂断电话后再挂断电话。若客人同意，也可加客人的微信号，以便后期及时发送优惠信息，帮助游客及时下定决心。

任务评价：

按照任务评分表（见表3-1-2）的评分标准进行评价，并做好详细记录，根据评分表评选出最佳任务小组，教师可根据实际情况给予适当的奖励。

表3-1-2　任务评分表

<table>
<tr><td colspan="2">考核项目：提供电话咨询服务</td><td>班级：</td><td>姓名：</td></tr>
<tr><td colspan="2">小组名称：</td><td colspan="2">小组组长：</td></tr>
<tr><td colspan="4">小组成员：</td></tr>
<tr><td rowspan="6">总体评价</td><td rowspan="3">完成时间</td><td>提前</td><td></td></tr>
<tr><td>准时</td><td></td></tr>
<tr><td>超时</td><td></td></tr>
<tr><td rowspan="3">完成质量</td><td>优秀</td><td></td></tr>
<tr><td>良好</td><td></td></tr>
<tr><td>有待改进</td><td></td></tr>
</table>

续表

	评价标准	分值	得分
过程评价	运用多种渠道，主动学习相关知识，提升能力	10	
	工作态度端正，精神风貌良好	15	
	服务准备工作完善	15	
	掌握服务环节要点	20	
	客户信息记录完整	20	
	能按要求独立完成电话接待服务	20	
总分		100	

课后任务

1.一个客户在晚报上看到了A旅行社发布的一个“夏日黄金海岸风情”的情侣旅游广告，来电咨询后，认为该产品价格有些贵，你会如何处理？

2.电话营销通话前需要做好哪些准备？

3.旅行社呼出电话推销有什么技巧？

4.旅行社呼入电话推销有什么技巧？

任务三 后续跟踪服务

任务要求

在电话营销结束后，外联销售人员应整理客户信息，进行客户信息归档，开展对客户的后续跟踪服务。

相关知识

后续跟踪服务

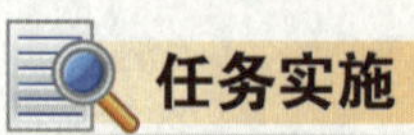

任务实施

小组成员以角色扮演的方式进行，两人一组分别扮演工作人员和顾客，在小组内部进行互相点评纠错，之后进行角色互换。

1.小组每名成员均接听电话，并填写电话记录单，填写信息结束后，小组成员之间互相纠错并讨论填写的准确性。

(1)记录信息：包括来电时间、来电者、问题、关键内容这些内容可供日后与客人进行再次联系，并为签约等提供帮助。

(2)填写电话咨询记录单(如表3-1-3所示)。

表3-1-3 电话咨询记录单

客户姓名：		时间：	
联系方式			
问题			
关键内容			
备注			
记录人：			

2.过一段时间回电话给游客，或通过其他方式说明相关产品的最新消息，并可预约上门详谈的具体细节。

(1)小组成员以角色扮演的方式进行跟进服务模拟，每组分别扮演工作人员和顾客；

(2)小组内部进行互相点评纠错，之后进行角色互换。

任务评价：

按照任务评分表(见表3-1-4)的评分标准进行评价，并做好详细记录，根据评分表评选出最佳任务小组，教师可根据实际情况给予适当的奖励。

表3-1-4 任务评分表

考核项目：后续跟踪服务		班级：	姓名：
小组名称：		小组组长：	
小组成员：			
总体评价	完成时间	提前	
		准时	
		超时	
	完成质量	优秀	
		良好	
		有待改进	

续表

	评价标准	分值	得分
过程评价	运用多种渠道,主动学习相关知识,提升能力	10	
	工作态度端正,精神风貌良好	15	
	能够妥善解决售后服务问题	20	
	客户信息记录完整	20	
	能按要求独立完成后续跟踪服务	20	
	团队协作	15	
总分		100	

课后任务

1.在进行售后客户跟踪回访中,客户反映此次旅游体验非常不好,同团的其他人团费比自己少很多,感觉受到了旅行社的欺骗,遇到这种情况,你会如何处理?

2.简述售后服务的作用。

3.简述售后服务的内容。

项目总结和考核评价

任务要求

在熟悉电话咨询服务内容,掌握电话销售流程和电话营销服务技巧的基础上,学生以小组为单位,随机配对后,进行电话营销全过程的演示。

任务实施

小组成员以角色扮演的方式进行,两人一组分别扮演工作人员和顾客,在小组内部进行互相点评纠错,之后进行角色互换。

1.以小组为单位模拟展示电话服务的全过程,汇报要点如下:

(1)流程完整;

(2)服务礼仪标准;

(3)产品推荐合理;

(4)跟踪服务具有成效。

2.汇报过程中小组之间注意发现问题,及时提出问题,之后大家共同讨论如何解决问题。

3.引导学生总结电话销售需要具备的基本服务礼仪和职业规范,培养学生诚信服务、顾客至上的服务意识。

4.学生自评、互评,小组组长点评各组的工作成效。

5.指导教师给各组评分,并进行有针对性的点评,汇总各组成果。

任务评价:

按照任务评分表的评分标准进行学生自评、互评和教师评价,评选出最佳任务小组,教师可根据实际情况给予适当的奖励。小组自评表、小组互评表、教师评价表分别如表 3-1-5、表 3-1-6、表 3-1-7 所示。

表 3-1-5 小组自评表

考核项目:电话营销			考核时间:
所在班级:		小组名称:	
小组负责人:	小组成员:		
过程评价	完成时间	提前	
		准时	
		超时	
	完成质量	优秀	
		良好	
		一般	
结果评价	评价标准	分值	得分
	工作开展积极主动	10	
	跟踪服务具有成效	10	
	流程完整	10	
	服务礼仪标准	20	
	分工合理、团队协作	20	
	产品推荐合理	30	
总分		100	
项目学习反思与总结:			

表 3-1-6　小组互评表

考核项目:电话营销		分值	得分
成果汇报	准备工作充分	20	
	服务展示流畅,仪容仪表、语言表达符合电话礼仪规范	20	
	服务内容正确,工作效率高	20	
	客户信息填写准确	20	
	团队协作较好	20	
	总分	100	

表 3-1-7　教师评价表

考核项目:电话营销		班级:	
小组名称:		小组组长:	
小组成员:			
评价标准		分值	得分
1.自主学习程度		15	
(1)能够正确理解任务的要求与目标		5	
(2)能够合理运用多种方法收集信息		5	
(3)能够自主获得与任务有关的新知识		5	
2.任务参与程度		15	
(1)是否主动参与计划制订		5	
(2)是否主动寻找解决问题的方法		5	
(3)是否参与小组决策,积极完成工作任务		5	
3.任务实施效果		60	
电话营销	上岗前的准备充分	10	
	提供咨询服务合理	10	
	后续跟踪服务及时准确	10	
	服务过程流畅、完整,服务礼仪符合规范	15	
成果汇报	汇报内容结构清晰、完整	5	
	PPT 排版正确、设计美观	5	
	语言表达清晰、流畅	5	
4.任务总结与反思		10	
(1)按照时间进程完成工作任务		5	
(2)能够进行客观的评价与总结		5	
	总分	100	

项目二 门市销售

项目介绍

在消费者正式成为旅行社的实际消费者之前，旅行社的接待工作一般由旅行社门市部的接待服务人员担任，其岗位职责主要包括为旅游者提供咨询、介绍旅行社的产品、办理各种销售业务和处理相关文件等。旅行社给旅游者的第一印象是通过门市工作人员的言行举止传递出去的，因此，门市工作人员在进行门市销售工作时，需要注意个人形象，懂得沟通技巧，给人留下专业、干练、值得信任的印象。

知识导图

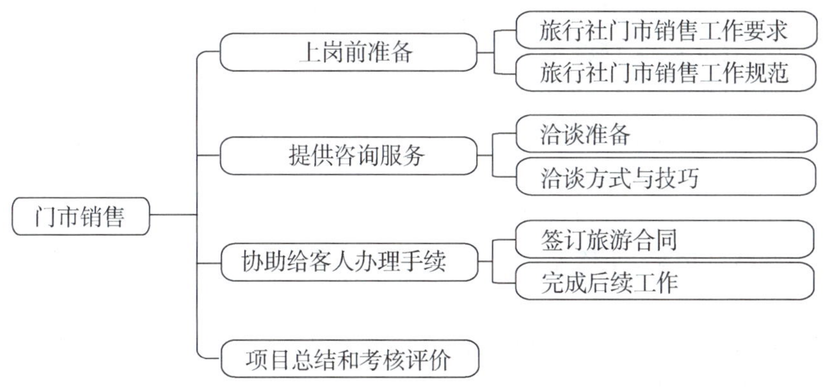

学习目标

1.素质目标

(1)工作细致认真，展现积极向上的服务风貌；

(2)学会换位思考，真诚地为顾客提供服务；

(3)好学、好问，具有探索精神，能够进行良好的团队协作；

(4)具备良好的语言、文字表达能力，言谈举止得体。

2.知识目标

(1)了解门市销售人员的素质要求,熟知门市销售人员的工作职责,掌握旅行社门市销售工作规范;

(2)熟知洽谈前准备的内容,熟悉洽谈方式,掌握洽谈技巧;

(3)熟知旅游合同的相关规定,熟悉旅游合同的各项条款,掌握旅游合同签订过程。

3.能力目标

(1)能够对门店进行布置,熟练使用门店内的各种设备设施,按规范要求完成服务流程;

(2)能够以面对面的方式实现有效的沟通,根据客户的需求,调整谈判策略,熟练地推荐旅游产品;

(3)能够协助客人签订旅游合同,完整、准确地表述客户信息,完成与计调部门的工作对接。

思政案例

旅游门店新探索

突如其来的新冠疫情给旅游业带来了巨大的挑战,有的旅行社倒闭关停,但也有的旅行社开辟出新的道路,让传统旅行社门店在创新中探索出无限可能。武汉宝中南湖祥和苑门市加入了深圳一家企业推出的"新旅游+新零售"帮扶计划,在保持原有旅游功能的基础上,门店增加农特旅游商品、非遗文化旅游商品以及深圳润泰公司的牛肉民生食品等的销售业务。武汉宝中的南湖祥和苑门市经理方勇表示,不论有没有这场新冠疫情,旅行社门市的变革都一定会发生,传统的经营模式已经无法令门市生存下去。随着大数据、人工智能、区块链等当代科技的广泛应用以及追求个性、自由与品质的年轻人成为旅游消费的主力群体,门市经营将受到更大的冲击。但是,门市并不是没有活路,也不是没有竞争力,关键就在于门市为游客提供什么样的产品和怎样的服务。对于进入门市的顾客,我不会只想着把什么产品卖给他,而是根据他的需求,找到适合他的产品,如果没有合适的,还可以为他定制。门店的服务应该是从顾客走进来开始到整个行程结束。门店是一个沟通、交流的场所,是一个经营者与客户情感互动的载体,这才是门店存在的意义。未来,旅行社门店一定会出现两极分化,用心做的、做得好的会"活下去",而且越活越精彩,而依靠传统模式,不创新、不用心的,可能很快就"活不下去了"。

(**资料来源:** 武汉宝中南湖祥和苑门市经理方勇:未来的门店是"新旅游+新零售"[OL].学习强国平台,2020-07-23.)

案例思考: 旅游创新与可持续是重要的时代特征与发展趋势,因而需要企业坚持守正创新,提升集成能力,需要迎合消费需求变化的供给侧结构性改革实践,需要信息技术与产业运营的互动共享,需要国际视野下的合作与拓展,需要平台经济推动下的产业融合。

任务一 上岗前准备

任务要求

每名同学都需要提前熟悉旅行社门市销售的工作要求和工作规范，以小组为单位，自行进行门市布置，按要求完成门市销售的上岗前准备工作。

相关知识

上岗前准备

任务实施

小组成员以角色扮演的方式进行，两人一组分别扮演工作人员和顾客，在小组内部进行互相点评纠错，之后进行角色互换。

1.仪容仪表检查：着衬衫、西裤、皮鞋，女生佩戴领结或者丝巾，男生佩戴领带。发型整洁、干净，不遮挡脸部，女生可适当化淡妆。

2.知识准备：

(1)熟悉当季旅游产品与促销情况，包括短途、长途、境内、境外旅游产品；

(2)梳理产品卖点，熟悉产品特色。

3.工作环境布置与检查：连接网络的计算机，必要的记录本、便签笔、计算器、连接到计算机的打印机、传真机等。

4.旅游产品资料准备：准备展示架，在门市明显部位放置本社的产品宣传资料，数量充足以备客人索取；将主推的产品放置在最容易看到的位置，引导客人第一眼看到。

5.小组内角色扮演，演练顾客进店服务流程。

6.引导学生熟悉门市销售需要具备的基本服务礼仪和职业规范。

任务评价：

按照任务评分表（见表3-2-1）的评分标准进行评价，并做好详细记录，根据评分表评选出最佳任务小组，教师可根据实际情况给予适当的奖励。

表 3-2-1　任务评分表

考核项目:门市销售上岗前准备		班级:	姓名:
小组名称:		小组组长:	
小组成员:			
总体评价	完成时间	提前	
		准时	
		超时	
	完成质量	优秀	
		良好	
		有待改进	
过程评价	评价标准	分值	得分
	运用多种渠道,主动学习相关知识,提升能力	10	
	工作态度端正,仪容仪表得体	20	
	知识准备完备	20	
	工作环境布置合理	10	
	旅游产品资料准备齐全	20	
	掌握服务流程要点	20	
总分		100	

课后任务

1.××旅行社门市位于某小区附近,时常会有附近的居民结伴进店休息,遇到此类情况,你会怎么做?

2.门市销售人员需要具备哪些素质?

3.门市销售人员的工作职责是什么?

4.如何进行旅行社门市前台销售接待?

任务二

提供咨询服务

任务要求

本任务要求学生熟知旅行社的产品及营销情况，准备好咨询服务所需要的资料，能够灵活运用洽谈技巧提供旅游咨询服务。

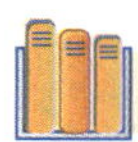

相关知识

提供咨询服务

任务实施

小组成员以角色扮演的方式进行，两人一组分别扮演工作人员和顾客，在小组内部进行互相点评纠错，之后进行角色互换。

1.迎客：对于进店的游客表示欢迎，主动问候，“您好，请问有什么需要帮助您的”？站立时，两脚脚跟并拢，两腿两膝并严，女生高丁字步站立，男生脚尖分开站立。腰背挺直，双手握放于腹部或身体两侧。

2.引领客人落座：引领时，站于游客的侧前方；引领时手臂带动小臂向前抬起，指示前进方向。

3.递送茶水：一手握茶杯把儿一手托杯底，并说声“您好，请喝茶（水）”，如果茶水较烫，可将茶杯放到客人面前的茶几上。

4.询问客人要求：着重放在旅游的几个要素上，例如：出游的大致方向、时间、人数、期望价格等。

5.产品推荐：询问结束后，拿出与游客需求符合度最高的产品，通常提供3~5份，并向游客介绍不同线路产品之间的差别。递送资料时，双手递上，正面朝上，并说声“您好，这是最新的资料”。

6.处理异议：与客户沟通过程中回答客户问题，引导客户需求，促成交易达成。

7.引导学生熟悉门市销售咨询服务内容与服务规范，培养学生诚信服务意识。

任务评价：

按照任务评分表（见表3-2-2）的评分标准进行评价，并做好详细记录，根据评分表评选出最佳任务小组，教师可根据实际情况给予适当的奖励。

表 3-2-2　任务评分表

<table>
<tr><td colspan="2">考核项目：提供咨询服务</td><td>班级：</td><td>姓名：</td></tr>
<tr><td colspan="2">小组名称：</td><td colspan="2">小组组长：</td></tr>
<tr><td colspan="4">小组成员：</td></tr>
<tr><td rowspan="6">总体评价</td><td rowspan="3">完成时间</td><td>提前</td><td></td></tr>
<tr><td>准时</td><td></td></tr>
<tr><td>超时</td><td></td></tr>
<tr><td rowspan="3">完成质量</td><td>优秀</td><td></td></tr>
<tr><td>良好</td><td></td></tr>
<tr><td>有待改进</td><td></td></tr>
<tr><td rowspan="7">过程评价</td><td>评价标准</td><td>分值</td><td>得分</td></tr>
<tr><td>运用多种渠道，主动学习相关知识，提升能力</td><td>10</td><td></td></tr>
<tr><td>工作态度端正，仪容仪表得体</td><td>20</td><td></td></tr>
<tr><td>服务准备工作完善</td><td>20</td><td></td></tr>
<tr><td>掌握服务环节要点</td><td>10</td><td></td></tr>
<tr><td>能独立完成接待服务</td><td>20</td><td></td></tr>
<tr><td>团队协作情况</td><td>20</td><td></td></tr>
<tr><td colspan="2">总分</td><td>100</td><td></td></tr>
</table>

课后任务

1.在与顾客面对面洽谈时，顾客很心仪某旅游线路产品，但对其中安排的购物点和购物时间安排提出异议，要求在购物期间，不进入购物店，自由活动，遇到这种情况，你会如何处理？

2.在提供旅游咨询服务前，需要做好哪些洽谈准备？

3.有哪些洽谈的行为技巧？

4.有哪些洽谈的语言技巧？

任务三

协助给客人办理手续

任务要求

本任务要求学生熟知旅游合同相关的法律法规，熟悉旅游合同的各项条款及签订流程，能够按照工作规范协助客人完成旅游合同的签订、核查、收费、开发票、提醒等各项工作。

相关知识

协助给客人办理手续

任务实施

小组成员以角色扮演的方式进行签订合同过程的模拟，两人一组分别扮演工作人员和顾客，小组内部进行互相点评纠错，之后进行角色互换。

1.购买确认：游客做出购买决定后，再次确认游客的旅游产品。

2.签订旅游合同：

(1)模拟工作人员指导顾客填写合同，向游客解释合同相关条款；

(2)协助游客完整、准确、清晰填写合同；

(3)之后小组成员互相纠错并讨论填写的准确性。

3.再次核对：再次核查合同文本、行程单和补充条款，确认无误后双方签名。

4.收取费用，并为客人开具发票：

(1)收取费用时做到“三唱一复”，即“唱价”(确认所购产品价格)、“唱收”(确认所收金额)、“唱付”(找回余额)、“一复”(确认产品与收进费用相符)。

(2)将开好的发票交到客人手中，向客人表示感谢，肯定客人的选择，请其对该项旅游产品的质量和旅行社的服务放心。

5.告别：告别游客，目送客人上车或走出视线再回到工作岗位。

6.归档与工作移交：归档旅游合同及相关附件，并移交计调。

7.引导学生熟悉合同签订的服务规范，培养学生的诚信服务意识。

任务评价：

按照任务评分表(见表3-2-3)的评分标准进行评价，并做好详细记录，根据评分表评选出最佳任务小组,教师可根据实际情况给予适当的奖励。

表 3-2-3　任务评分表

<table>
<tr><td colspan="2">考核项目:协助给客人办理手续</td><td>班级:</td><td>姓名:</td></tr>
<tr><td colspan="2">小组名称:</td><td colspan="2">小组组长:</td></tr>
<tr><td colspan="4">小组成员:</td></tr>
<tr><td rowspan="6">总体评价</td><td rowspan="3">完成时间</td><td>提前</td><td></td></tr>
<tr><td>准时</td><td></td></tr>
<tr><td>超时</td><td></td></tr>
<tr><td rowspan="3">完成质量</td><td>优秀</td><td></td></tr>
<tr><td>良好</td><td></td></tr>
<tr><td>有待改进</td><td></td></tr>
<tr><td rowspan="7">过程评价</td><td>评价标准</td><td>分值</td><td>得分</td></tr>
<tr><td>运用多种渠道,主动学习相关知识,提升能力</td><td>10</td><td></td></tr>
<tr><td>工作态度端正,仪容仪表得体</td><td>20</td><td></td></tr>
<tr><td>服务准备工作完善</td><td>20</td><td></td></tr>
<tr><td>掌握服务环节要点</td><td>10</td><td></td></tr>
<tr><td>能独立完成接待服务</td><td>20</td><td></td></tr>
<tr><td>团队协作情况</td><td>20</td><td></td></tr>
<tr><td colspan="2">总分</td><td>100</td><td></td></tr>
</table>

课后任务

1.某旅行社招揽旅游者组团旅游,但因为没有达到约定人数,不能出团了,现在需要你与已经购买该产品的顾客进行沟通,你会如何做?

2.《中华人民共和国旅游法》中有关旅游服务合同的规定有哪些?

3.签好旅游合同后,销售人员如何收取费用?

4.销售达成后,还需完成哪些后续工作?

任务四 项目总结和考核评价

任务要求

本任务要求学生了解门市销售工作，在掌握门市咨询服务技能、熟悉合同签订规范的基础上，以小组为单位，随机配对后，按照门市销售流程，进行门市销售全过程的演示。

任务实施

1.以小组为单位模拟展示面对面服务的全过程，汇报要点如下：

(1)流程完整；

(2)服务礼仪标准；

(3)产品推荐合理；

(4)合同填写正确；

(5)与计调部门的对接工作准确。

2.汇报过程中小组之间注意发现问题，及时提出问题，之后大家共同讨论如何解决问题。

3.指导教师引导学生总结面对面销售需要具备的基本服务礼仪和职业规范，培养学生诚信服务、顾客至上的服务意识。

4.学生自评、互评，小组组长点评各组的工作成效，指导教师要注意引导学生勇于表达、质疑，锻炼学生的逻辑思维与语言表达能力以及创新能力。

5.指导教师给各组评分，并进行有针对性的点评，汇总各组成果并给出成绩。

任务评价：

按照任务评分表的评分标准进行学生自评、互评和教师评价，评选出最佳任务小组，教师可根据实际情况给予适当的奖励。小组自评表、小组互评表、教师评价表分别如表 3-2-4、表 3-2-5、表 3-2-6 所示。

表 3-2-4　小组自评表

<table>
<tr><td colspan="3">考核项目：门市销售</td><td>考核时间：</td></tr>
<tr><td colspan="2">所在班级：</td><td colspan="2">小组名称：</td></tr>
<tr><td>小组负责人：</td><td colspan="3">小组成员：</td></tr>
</table>

续表

<table>
<tr><td rowspan="6">过程评价</td><td rowspan="3">完成时间</td><td>提前</td><td></td></tr>
<tr><td>准时</td><td></td></tr>
<tr><td>超时</td><td></td></tr>
<tr><td rowspan="3">完成质量</td><td>优秀</td><td></td></tr>
<tr><td>良好</td><td></td></tr>
<tr><td>一般</td><td></td></tr>
<tr><td rowspan="7">结果评价</td><td>评价标准</td><td>分值</td><td>得分</td></tr>
<tr><td>工作开展积极主动</td><td>10</td><td></td></tr>
<tr><td>门市销售流程完整</td><td>10</td><td></td></tr>
<tr><td>服务礼仪标准</td><td>10</td><td></td></tr>
<tr><td>产品推荐合理</td><td>20</td><td></td></tr>
<tr><td>分工合理、团队协作</td><td>20</td><td></td></tr>
<tr><td>合同填写正确</td><td>30</td><td></td></tr>
<tr><td colspan="2">合计得分</td><td>100</td><td></td></tr>
<tr><td colspan="4">项目学习反思与总结：</td></tr>
</table>

表 3-2-5　小组互评表

<table>
<tr><td colspan="2">考核项目：门市销售</td><td>分值</td><td>得分</td></tr>
<tr><td rowspan="5">成果汇报</td><td>在规定时间内完成所要求工作的全部内容</td><td>20</td><td></td></tr>
<tr><td>销售前的准备工作充分</td><td>20</td><td></td></tr>
<tr><td>服务展示流畅，仪容仪表、语言表达符合电话礼仪规范</td><td>20</td><td></td></tr>
<tr><td>指导游客正确填写合同信息</td><td>20</td><td></td></tr>
<tr><td>团队协作较好</td><td>20</td><td></td></tr>
<tr><td colspan="2">总分</td><td>100</td><td></td></tr>
</table>

表 3-2-6　教师评价表

<table>
<tr><td>考核项目：门市销售</td><td colspan="2">班级：</td></tr>
<tr><td>小组名称：</td><td colspan="2">小组组长：</td></tr>
<tr><td colspan="3">小组成员：</td></tr>
<tr><td>评价标准</td><td>分值</td><td>得分</td></tr>
<tr><td>1.自主学习程度</td><td>15</td><td></td></tr>
</table>

续表

(1)能够正确理解任务的要求与目标		5	
(2)能够合理运用多种方法收集信息		5	
(3)能够自主获得与任务有关的新知识		5	
2.任务参与程度		15	
(1)是否主动参与计划制订		5	
(2)是否主动寻找解决问题的方法		5	
(3)是否参与小组决策,积极完成工作任务		5	
3.任务实施效果		60	
门市销售	上岗前的准备充分	10	
	提供咨询服务完整,符合规范	10	
	协助客人办理手续合理,符合规范	10	
	服务过程流畅,服务内容准确,处理问题灵活	15	
成果汇报	汇报内容结构清晰、完整	5	
	PPT 排版正确、设计美观	5	
	语言表达清晰、流畅	5	
4.任务总结与反思		10	
(1)按照时间进程完成工作任务		5	
(2)能够进行客观的评价与总结		5	
总分		100	

网络销售

项目介绍

现如今随着科技的发展，促销的阵地逐渐转向互联网，发送传单、寄送资料等已经渐渐淡出人们的视线。常见的新产品告知方式主要有互联网网页广告、微信公众号推送等。旅行社通过网上促销不仅实现了旅行社同旅游者双向的信息交流，而且可以通过互联网技术同旅游者进行交流，潜移默化地把旅游信息传输到消费群体，它具有效率高、人情味浓、成本低的特点。本项目主要介绍旅行社旅游产品网络营销策划、产品报价和计价，以及如何提供网络销售咨询服务。

知识导图

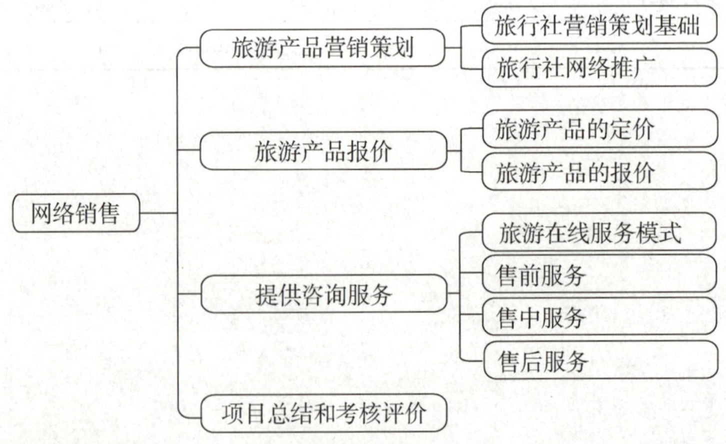

学习目标

1.素质目标

(1)工作细致认真，具备诚信服务意识；

(2)培养辩证思考、创新思维的能力；

(3)具有沟通协作、自我总结的意识；

(4)具备良好的语言、文字表达能力,言谈举止得体。

2.知识目标

(1)熟悉旅行社营销策划的步骤,掌握旅行社营销策划的内容;

(2)了解定价策略,熟悉定价步骤、定价策略和报价策略,掌握旅游产品报价和价格说明;

(3)了解旅游在线服务模式,熟知在线咨询服务内容和要求。

3.能力目标

(1)能够利用互联网等多种渠道收集市场信息并进行归纳整理,撰写营销策划书。

(2)能够使用成本加成法进行旅游产品定价,灵活地运用报价策略进行报价,并能够准确说明价格构成。

(3)能够通过网络方式与客户进行有效沟通,理解客户咨询的问题,抓住重点,及时、灵活地处理客户问题,找准时机,推荐旅游产品,促成交易达成。

思政案例

"内容+创新"不断优化旅游直播生态

近年来,旅游直播异军突起,成为新冠疫情常态化时期推动旅游产业复苏的重要力量。在此过程中,许多游客逐渐养成了看直播"种草",事后"拔草"的旅游消费习惯,旅游直播作为营销渠道的功能不断放大。但在旅游直播推动旅游产业复苏发展的同时,也要注意存在的问题。

一是虚假宣传误导消费者。日前发布的《网络主播行为规范》(以下简称《规范》)将夸张宣传误导消费者,通过虚假承诺诱骗消费者,使用绝对化用语等列入网络直播的禁止性行为。

二是低俗营销有违公序良俗。《规范》对恶搞、歪曲或以不正当方式展示各类文化,展现有性暗示等内容,引导用户低俗互动等多条涉及低俗内容的直播予以禁止。

三是无资质机构扰乱市场秩序。《规范》提出,网络主播应掌握从事主播工作所必需的知识和技能,直播平台应对主播进行资质审核及备案。旅游产品是一种特殊的商品,以未来消费的非实物形态出现,尤其是旅行社线路和产品,需要有资质的企业才能提供。

旅游直播作为旅游资源、旅游产品的展示、销售新型平台,需要科学、有序发展。

我们要以优质内容增强旅游目的地吸引力,培育黏性用户。旅游直播的核心形式之一是"直播+内容"。旅游直播的可持续发展需要不间断的优质内容输出,深挖旅游目的地、旅游企业、旅游资源背后的自然、文化、历史、民俗等内容,形成系列性、特色性强的直播内容,提升用户对旅游目的地和旅游企业的认知深度,增强用户的关注度和购买欲,培育一批高黏性用户。同时也构筑起各旅游主播、旅游直播企业之间的壁垒,形成有序、良性竞争的旅游直播格局。

我们要以创新方式丰富旅游营销渠道,提升游客关注度。旅游直播的核心形式之二是"直播+带货"。作为旅游新营销渠道,旅游直播应不断创新直播展示方式,以样式多元、更富创意的方式全面展示直播内容,增强主播与用户之间的互动,激发游客的购买欲望,提高直播带货的成交率。携程"BOSS 直播"以故事线索、人物扮演等方式让直播变得趣味横生,成为旅游直播中的成功代表。旅游直播也可充分利用直升机、无人机等多种方式立体化展示旅游内容,让旅游产品更具吸引力,进而引发消费者购买欲望。

(**资料来源:**吴丽云,向子凝."内容+创新"不断优化旅游直播生态[OL].《中国旅游报》,2022-8-12.)

案例思考:近年来,随着抖音、快手等直播平台的迅猛发展,一些道德素质和文化水平不高的网络主播,把直播当作吸粉生财的平台,罔顾社会公序良俗,严重违背了社会道德,挑战了法律的底线。互联网直播平台不是法外之地,《网络主播行为规范》的出台,有助于全面治理旅游直播中的虚假宣传现象,营造和谐的旅游直播环境。但同时,优化旅游直播生态也需要各方发力,不仅要靠监管、法律,还要靠责任、良知,不断提升自己的职业素养,通过正能量的传播与营销策划,实现旅游直播的经济效益和社会效益。

任务一 旅游产品营销策划

任务要求

本任务要求学生具备较为完整的旅游市场营销知识,熟悉营销策划的内容、格式和步骤,能够协作完成营销策划方案的撰写与展示工作。

相关知识

旅游产品营销策划

任务实施

小组成员挑选一款产品,针对该产品开展营销策划并提出网络推广建议,小组内部分工协作,小组间分享互助。

1.市场分析:进行市场调查,分析该产品的市场营销环境、市场需求情况、市场竞争情况。

2.目标市场分析:根据市场分析情况,结合产品的优势、劣势,选择目标市场,确定市场定位。

3.制定营销策略:

(1)产品策略;

(2)价格策略;

(3)渠道策略；

(4)促销策略。

4.网络推广建议：选择什么样的网络推广平台，如何开展网络推广活动。

5.引导学生协作完成营销策划方案的制订，培养学生创新意识。

6.各组对营销策划方案进行展示。

任务评价：

按照任务评分表(见表3-3-1)的评分标准进行评价，并做好详细记录，根据评分表评选出最佳任务小组，教师可根据实际情况给予适当的奖励。

表3-3-1 任务评分表

<table>
<tr><td colspan="2">考核项目：旅游产品营销策划</td><td>班级：</td><td>姓名：</td></tr>
<tr><td colspan="2">小组名称：</td><td colspan="2">小组组长：</td></tr>
<tr><td colspan="4">小组成员：</td></tr>
<tr><td rowspan="6">总体评价</td><td rowspan="3">完成时间</td><td>提前</td><td></td></tr>
<tr><td>准时</td><td></td></tr>
<tr><td>超时</td><td></td></tr>
<tr><td rowspan="3">完成质量</td><td>优秀</td><td></td></tr>
<tr><td>良好</td><td></td></tr>
<tr><td>有待改进</td><td></td></tr>
<tr><td rowspan="7">过程评价</td><td>评价标准</td><td>分值</td><td>得分</td></tr>
<tr><td>运用多种渠道，主动学习相关知识，提升能力</td><td>10</td><td></td></tr>
<tr><td>市场分析</td><td>10</td><td></td></tr>
<tr><td>市场定位</td><td>20</td><td></td></tr>
<tr><td>营销组合策略</td><td>20</td><td></td></tr>
<tr><td>网络推广建议</td><td>20</td><td></td></tr>
<tr><td>团队协作情况</td><td>20</td><td></td></tr>
<tr><td colspan="2">总分</td><td>100</td><td></td></tr>
</table>

课后任务

1.在新媒体时代，如何让旅游产品更好地服务顾客？什么样的旅游产品适合使用自媒体平台进行宣传？

2.如何撰写旅游产品营销策划方案？

3.旅行社网络推广的方式有哪些？

任务二 旅游产品报价

任务要求

学生需了解旅行社外联部的基本业务，如市场调查、产品报价、洽谈业务、签订合同等，熟练掌握旅游产品定价与报价的相关知识，能够运用报价策略进行报价，并对报价做出全面、准确的说明。

相关知识

旅游产品报价

任务实施

小组成员以角色扮演的方式进行报价过程的模拟，两人一组分别扮演工作人员和顾客，在小组内部进行互相点评纠错，之后进行角色互换。

1.了解行程，进行定价：

了解行程安排和行程说明，根据旅行社提供的服务内容获取项目费用信息，根据旅游产品定价的相关知识制定价格，编制全包价旅游价格组成一览表(见表 3-3-2)。

表 3-3-2 全包价旅游价格组成一览表

费用组成	费用明细	备注
综合服务费		
房费		
餐饮费		
交通费		
文娱活动费		
超公里费		
附加费		
……		

2.报价练习：

(1)运用报价策略，模拟报价过程；

(2)对产品报价进行说明。

3.引导学生熟悉报价过程的服务规范，培养学生的诚信服务意识。

任务评价：

按照任务评分表（见表3-3-3）的评分标准进行评价，并做好详细记录，根据评分表评选出最佳任务小组，教师可根据实际情况给予适当的奖励。

表3-3-3 任务评分表

考核项目：旅游产品报价		班级：	姓名：
小组名称：		小组组长：	
小组成员：			
总体评价	完成时间	提前	
		准时	
		超时	
	完成质量	优秀	
		良好	
		有待改进	
过程评价	评价标准	分值	得分
	运用多种渠道，主动学习相关知识，提升能力	10	
	工作态度端正，仪容仪表得体	20	
	旅游产品定价合理	15	
	价格组成表编制完整，填写正确	15	
	掌握报价服务要点	20	
	准确进行报价说明	20	
总分		100	

课后任务

1.“低价团”不断危害着旅游市场的健康发展，作为旅游产品的定价人员，你认为如何才能避免“低价团”的出现？

2.制定旅游产品价格的方法。

3.制定旅游产品的报价策略。

4.制定旅游产品报价说明的内容。

提供咨询服务

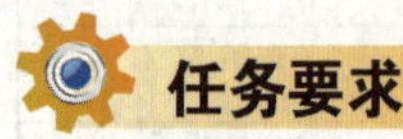

本任务要求学生提前做好在线咨询准备，熟悉旅游产品，熟知在线服务流程、服务规范，能够及时获取客户信息，推荐旅游产品。

相关知识

提供咨询服务

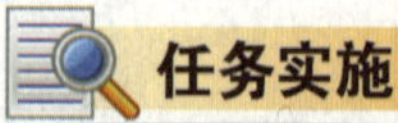

小组成员以角色扮演的方式进行在线咨询模拟，两人一组分别扮演工作人员和顾客，在小组内部进行互评纠错，之后进行角色互换。

1.接待准备：知识准备、话术准备。

2.问候：收到咨询信息之后问候客人，“您好！欢迎光临××旅行社，我是客服××，很高兴为您服务，有什么可以帮您的吗？”

3.咨询服务：

(1)询问客人诉求，着重放在旅游的几个要素上，例如：出游的大致方向、时间、人数、期望价格等；

(2)根据对方给出的信息进行判断，给出符合要求的回答，并将本社有关的优惠促销等相关信息及时传递给对方。

4.引导学生熟悉在线咨询服务规范，培养学生诚信服务意识。

任务评价：

按照任务评分表(见表 3-3-4)的评分标准进行评价，并做好详细记录，根据评分表评选出最佳任务小组，教师可根据实际情况给予适当的奖励。

表 3-3-4　任务评分表

考核项目：提供咨询服务	班级：	姓名：
小组名称：	小组组长：	
小组成员：		

续表

总体评价	完成时间	提前	
		准时	
		超时	
	完成质量	优秀	
		良好	
		有待改进	
过程评价	评价标准	分值	得分
	运用多种渠道,主动学习相关知识,提升能力	10	
	服务准备工作完善	20	
	礼貌用语,服务流程规范	20	
	服务过程流畅,服务内容正确	20	
	能独立完成在线咨询服务	20	
	团队合作	10	
总分		100	

课后任务

1.作为一名在线旅游客服人员,你接到旅游者在旅游过程中购买的旅游纪念品存在质量问题的投诉,你会如何处理?

2.制定旅游在线服务模式。

3.制定旅游企业售前服务的内容。

4.制定旅游企业售中服务的内容。

5.制定旅游企业售后服务的内容。

项目总结和考核评价

任务要求

本任务要求熟悉网络销售与客户服务的相关工作,在掌握营销方案策划、旅游产品定价与报价,熟悉在线咨询服务内容与要求的基础上,以小组为单位,随机配对后,按照在线咨询服务要求,进行网络销售全过程的演示汇报。

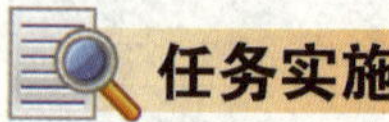

任务实施

1.以小组为单位模拟展示网络销售的全过程,汇报要点如下:

(1)网络营销策划方案;

(2)旅游产品定价与报价说明;

(3)在线咨询服务过程。

2.在汇报过程中小组之间注意发现问题,及时提出问题,之后大家共同讨论如何解决问题。

3.引导学生总结网络销售需要具备的基本服务礼仪和职业规范,培养学生诚信服务、顾客至上的服务意识。

4.学生自评、互评,小组组长点评各组的工作成效。

5.指导教师给各组评分,并进行有针对性的点评,汇总各组成果。

任务评价:

按照任务评分表的评分标准进行学生自评、互评和教师评价,评选出最佳任务小组,教师可根据实际情况给予适当的奖励。小组自评表、小组互评表、教师评价表分别如表 3-3-5、表 3-3-6、表 3-3-7 所示。

表 3-3-5　小组自评表

考核项目:网络营销			考核时间:
所在班级:		小组名称:	
小组负责人:	小组成员:		
过程评价	完成时间	提前	
		准时	
		超时	
	完成质量	优秀	
		良好	
		一般	
结果评价	评价标准	分值	得分
	工作开展积极主动	10	
	网络营销策划方案翔实、准确	10	
	旅游产品定价合理	10	
	旅游产品报价说明完整	20	
	分工合理、团队协作	20	
	在线咨询服务过程完整、符合规范	30	
总分		100	

续表

项目学习反思与总结：

表 3-3-6 小组互评表

考核项目:网络营销		分值	得分
成果汇报	准备工作充分	20	
	营销策划方案完整,具有一定的创新性	20	
	旅游产品定价合理,报价灵活、准确	20	
	在线咨询服务良好	20	
	团队协作较好	20	
总分		100	

表 3-3-7 教师评价表

考核项目:网络营销		班级：	
小组名称：		小组组长：	
小组成员：			
评价标准		分值	得分
1.自主学习程度		15	
(1)能够正确理解任务的要求与目标		5	
(2)能够合理运用多种方法收集信息		5	
(3)能够自主获得与任务有关的新知识		5	
2.任务参与程度		15	
(1)是否主动参与计划制订		5	
(2)是否主动寻找解决问题的方法		5	
(3)是否参与小组决策,积极完成工作任务		5	
3.任务实施效果		60	
电话营销	策划方案完整、翔实	10	
	旅游产品定价和报价合理	15	
	提供咨询服务符合要求	10	
	服务内容准确,处理问题灵活	10	

续表

成果汇报	汇报内容结构清晰、完整	5	
	PPT 排版正确、设计美观	5	
	语言表达清晰、流畅	5	
4.任务总结与反思		10	
(1)按照时间进程完成工作任务		5	
(2)能够进行客观的评价与总结		5	
总分		100	

模块四 旅行社计调业务

国内组团计调业务

计调在旅行社中处于中枢地位，是旅行社核心业务岗位，是旅行社业务活动的幕后总指挥、总设计和总调度。国内组团计调是指旅行社内，根据游客的要求，设计境内旅游行程，联系地接旅行社，负责游客出行各项事务操作的计调人员。本项目主要学习国内组团计调的主要职责和工作内容，以及地接旅行社选择、发团管理与操作等基本业务流程。

知识导图

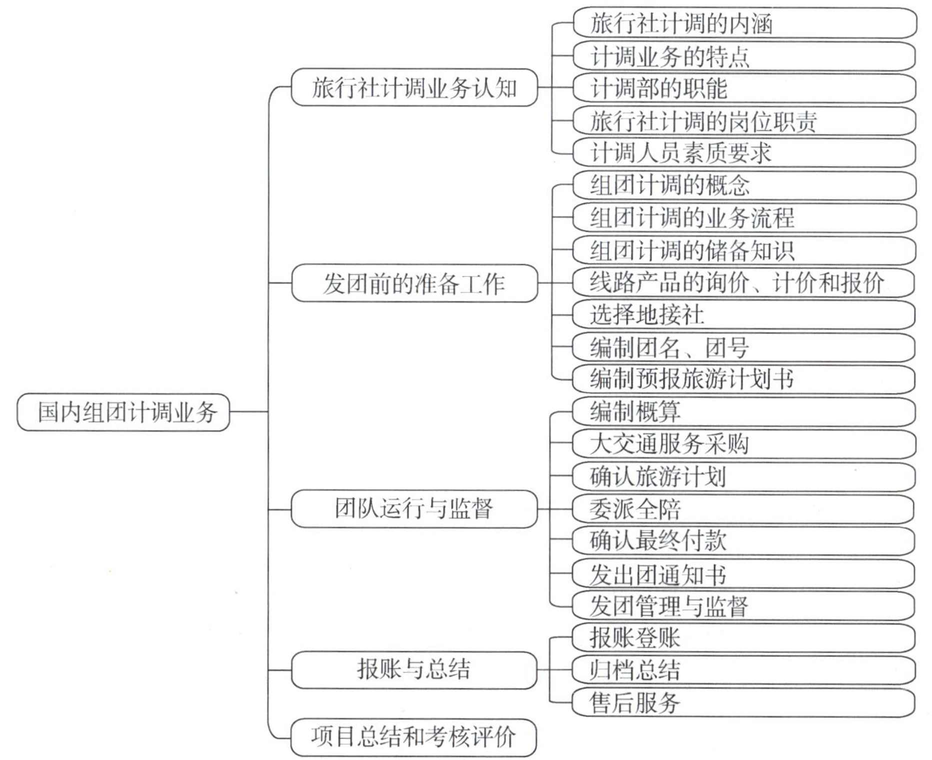

学习目标

1.素质目标

(1)培养团队意识、大局意识、效率意识;

(2)培养主动学习、分析问题和解决问题的能力;

(3)树立顾客至上、质量第一的良好质量意识和服务意识;

(4)养成事无巨细、认真负责的工匠精神。

2.知识目标

(1)熟悉组团计调岗位的基本工作内容;

(2)掌握组团计调操作的流程;

(3)熟悉组团计调业务操作的技巧及原则;

(4)掌握组团社业务档案的归档要求和基本内容。

3.能力目标

(1)熟悉地接旅行社选择的原则;

(2)掌握与地接旅行社沟通的基本方法;

(3)掌握交通票据购买的方法和技巧;

(4)能够完成与地接旅行社团队的确认工作;

(5)掌握组团合同签订的要求。

思政案例

带着鲜为人知的秘境,一同归来

——香格里拉旅行踩线员 白马慈仁

这是一个负重前行的旅程,从中国的第一家旅行社,到旅游全产业链的布局,从近代旅行的推广者陈光甫先生,到遍布世界各地的四万多名员工,从 1928 年至今的近百年间,中国旅游集团不断地为更美好的旅程开山辟路。

自 2020 年初新冠疫情发生以来,全球旅游业都遭受了沉重的打击,但无数旅游从业者始终坚守在自己的岗位,怀抱责任与热爱,播种着旅游业的未来。在这个世界旅游日,我们谨以“播种旅行的人”,致敬每一份远方的坚守。

作为一名踩线员,白马慈仁每到一个新的地点,都需要先丈量能够容纳的人数,并密切关注心跳、脉搏、含氧量的数据,再考虑什么地方适合设置观景台、搭建中转站等,在香格里拉这样的高寒地区,为的就是让每一位游客都能够在最好的状态下去看见最美的风景。

白马慈仁总是喜欢和村民们待在一起,跟着他们去大山里采松茸,参加村子里的传统集会,“香格里拉没有被开发的地方太多了,每一座山林都有不同的景观,每一片村庄都有不同的文化和历史,跟着村民我总能发现一些不为人知的风景,我再把这些风景传递出去”。做一名家乡美景的传递者,是他给自己立下的心愿。

白马慈仁与妻子同为旅游从业者,新冠疫情对他们的打击可想而知,一夜之间没客人了,家庭收入也成了问题,当被问到为什么不选择转行,他说:“我的情怀都在这里,我脱不开手。”

在旅游业干了十来年的他,从没好好给自己放过一次假。在没有游客的日子里,他带着自己的爱人，像画地图似的慢慢走过家乡的每一个角落，研究更有意思的旅游线路和产品，等待游客们重新回来。

（**资料来源：** 搜狐网 https://www.sohu.com/a/492459579_121124401.）

案例思考： 9 月 27 日是世界旅游日。旅游是许多人的爱好，但旅游业却是许多人的饭碗。新冠疫情的席卷让全世界的旅游从业者都面临着前所未有的困境。这些热爱旅游事业的人，他们怀着一颗对祖国无限热爱和对旅游行业自信的心，树立着“为人民服务”的理想信念，坚守在旅游行业的一线，等待游客的到来。

任务一 旅行社计调业务认知

任务要求

计调是指旅行社内部专职为旅行团、散客提供旅游服务及相关服务的专业人员，是旅行社完成线路开发设计、落实发团计划的总调度、总指挥、总设计，具有很强的专业性、自主性、灵活性。如果说外联是辛勤的采购员，那么计调就是“烹饪大师”，计调可以用自己的巧手把“酸、甜、苦、麻、辣、咸”等不同滋味调制出来，以满足不同团队的“口味”。

旅行社计调业务是旅行社的核心业务岗位，被称为旅行社业务活动的幕后总指挥、总设计和总调度。在旅游业中，一直有“外联买菜、计调做菜、导游带游客品尝大餐”的说法。本任务要求学生掌握旅行社计调业务的内涵和分类、主要特点以及旅行社计调部门的职能。

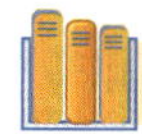

相关知识

旅行社计调业务认知

任务实施

学生分小组，在实训室完成任务，充分利用信息化技术手段，选择 3~5 家旅行社，调研旅行社计调业务情况，调查分析旅行社计调的类型、计调岗位的重要作用、计调部门的职能以及计调岗位的工作职责，最终形成一份调研报告。

任务评价：

按照任务评分表（见表 4-1-1）的评分标准进行评价，并做好详细记录，根据评分表评选出最佳任务小组,教师可根据实际情况给予适当的奖励。

表 4-1-1　任务评分表

考核项目:旅行社计调业务认知		班级:	姓名:
小组名称:		小组组长:	
小组成员:			
总体评价	完成时间	提前	
		准时	
		超时	
	完成质量	优秀	
		良好	
		有待改进	
过程评价	评价标准	分值	得分
	运用多种渠道,主动学习相关知识,提升能力	15	
	灵活运用调研方法获取信息	15	
	有目的、有计划地开展工作	10	
	调研过程积极、主动	10	
	调研报告内容翔实、客观、表达清晰	40	
	团队协作	10	
总分		100	

课后任务

1.计调业务的主要特点有哪些?

2.旅行社计调部门有哪些职能?

3.你认为计调人员仅仅是在办公室接打电话吗?你认为计调人员可以带旅游团吗?

发团前的准备工作

任务要求

国内组团计调是指组团旅行社内,根据游客的要求,设计行程,联系地接旅行社,负责游客出行各项事务操作的人员。本任务要求学生掌握组团计调的工作流程,熟悉发团前的相关准备工作:旅游线路开发设计、询价计价和报价、选择合作单位、编制行程计划等。

相关知识

发团前的准备工作

任务实施

学生分组并进行恰当分工,在实训室开展任务活动,每名学生准备一台连接互联网的电脑。模拟组团社开展发团前的准备工作,依次开展以下任务活动:

1.结合所学旅游线路开发设计知识,每小组自行设计一条华东五市双飞六日游线路。

2.根据地接旅行社选择原则,各小组通过网络等手段查找华东地区地接旅行社(3~5家),了解其基本情况,完成地接旅行社基本情况调查表(见表4-1-2),小组成员共同比较分析各地接旅行社接待优劣势并进行选择。

3.安排专人与地接旅行社进行沟通并商定最终旅游线路,确定线路名称,并向地接旅行社进行询价,要求地接旅行社分项报价以了解各服务单位的成本。

4.安排专人向其他旅游服务供应商询价,如大交通公司、本地旅游用车服务公司,咨询大交通和接送机费用,其中接送机服务不是必选项,各小组可按实际情况自行安排。

5.各小组结合所学旅游线路计价方法,计算线路成本价格,包括:城市间往返大交通费用、市内接送费用(如接送机服务)、地接旅行社报价、全陪费用、保险费用、组团社运营成本。

6.各小组根据设计的行程和计价制作完整的行程计划单,编制团号。行程单要素要全面,包括具体行程安排、住宿、餐饮、交通、娱乐、费用说明、团期、天数、行程特色等详细信息。

7.各小组模拟组团社对外发布旅游线路,并根据所学报价方法对外报价(利润率为10%~20%)。

此任务注意事项及要求如下:

(1)任务开展以小组为单位进行,小组内合理分工,各环节安排专人负责,适时开展头脑风暴确定相关事宜,如线路行程及名称确定、地接旅行社选择、线路报价等,各小组团结协作按时保质保量完成各环节任务。

(2)各小组最终提交成果。旅行社华东五市双飞六日游行程计划书,行程计划书要素要全面。

表 4-1-2　华东地区地接旅行社基本情况调查表

调查小组成员:						
序号	名称	所在城市	合法性	接待能力	服务质量	合作意愿
1						
2						
……						
记录人:		汇总人:			审核人:	

任务评价:

按照任务评分表(见表 4-1-3)的评分标准进行评价,并做好详细记录,根据评分表评选出最佳任务小组,教师可根据实际情况给予适当的奖励。

表 4-1-3　任务评分表

考核项目:国内组团计调发团前的准备工作		班级:	姓名:
小组名称:		小组组长:	
小组成员:			
总体评价	完成时间	提前	
		准时	
		超时	
	完成质量	优秀	
		良好	
		有待改进	
过程评价	评价标准	分值	得分
	运用多种渠道,主动学习相关知识,提升能力	15	
	灵活运用调研方法获取信息	15	
	有目的、有计划地开展工作	10	
	询价单内容完整	10	
	计划书内容翔实、客观、表达清晰	40	
	团队协作	10	
总分		100	

课后任务

1.简述国内组团计调的工作流程。

2.旅行社组团计调的报价方法有哪些?

3.旅行社组团计调在选择异地地接旅行社时,应该依据哪些原则进行选择?

任务三

团队运行与监督

任务要求

国内组团计调在完成发团前准备工作之后,就到了最关键的业务环节:团队运行与监督。本任务要求学生掌握国内组团计调的旅游交通服务采购、确认旅游计划、选派全陪带团旅游、监督团队运行等知识。

相关知识

团队运行与监督及相关表单

任务实施

学生分组并进行恰当分工,每名学生配备一台连接互联网的电脑,模拟国内组团计调开展团队运行与监督工作,依次开展任务活动环节如下:

1.仔细核对团队名单,填写"订票单",注明航班号、人数、班次、用票时间等,并由经手人签字;

2.确定好价格、人数、日程之后,填写"旅行团队计划确认书"并加盖公章传真至地接旅行社,附上游客名单,并要求地接旅行社尽快回传确认,之后签订《国内旅游地接业务委托合同》;

3.选择符合旅游团队性质要求的全陪导游,向导游交代接待计划,下发"游客意见反馈单"、全陪日志及游客信息资料;

4.团队出发前 1~3 天通知客人关于出团的具体信息,向游客传达或发送"出团通知书";

5.旅游团队运行过程中与全陪、地接旅行社保持密切联系,及时获得团队信息,如遇突发情况负责协调处理;

6.以上相关表单详见二维码。

注意事项及要求:

任务开展以小组为单位进行,各小组团结协作按时保质保量填写各项表单,并适时开展头脑风暴确定表单准确性。

任务评价:

按照任务评分表(见表 4-1-4)的评分标准进行评价,并做好详细记录,根据评分表评选出最佳任务小组，教师可根据实际情况给予适当的奖励。

表 4-1-4　任务评分表

考核项目：团队运行与监督		班级：	姓名：
小组名称：		小组组长：	
小组成员：			
总体评价	完成时间	提前	
		准时	
		超时	
	完成质量	优秀	
		良好	
		有待改进	
过程评价	评价标准	分值	得分
	运用多种渠道，主动学习相关知识，提升能力	15	
	灵活运用各种渠道获取信息	15	
	有目的、有计划地开展工作	10	
	任务实施过程积极、主动	10	
	表单完整、准确，符合行业实际情况	40	
	团队协作	10	
总分		100	

课后任务

1.如果你是国内组团计调，你所负责的旅游行程或旅游人数如果发生变化，你该怎么办？

2.“旅行团队计划确认书”应该重点确认哪些事项？

报账与总结

任务要求

在团队顺利结束异地行程返回本地后，国内组团计调员与全陪一起做好送团工作，征求游客的意见，让游客愉快地结束整个旅游行程。此任务要求学生掌握国内组团计调的报账登账、归档总结、售后服务等内容。

相关知识

报账与总结

任务实施

组建小组，以组为单位模拟开展团队结束后的报账总结工作。具体任务实施如下：

1.各小组根据地接旅行社发来的“旅行团费用结算通知书”填写“结算单”，连同与游客签订的《旅游合同》、与地接旅行社签订的“旅行团队计划确认书”、地接旅行社发来的“结算通知书”、地接旅行社开具的发票、全陪导游提供的发票等原始凭证，交公司财务报账。

2.各组整理本次任务包含的文档资料，建立组团社团队业务档案，主要的文件资料如下：

(1)国内旅游合同；

(2)旅游行程计划书；

(3)旅游者信息资料；

(4)旅游地接业务委托合同；

(5)双方旅行社团队确认单；

(6)组团行程计划单；

(7)全陪日志；

(8)结算单；

(9)旅游安全相关材料(如保险单据等)；

(10)其他相关材料。

3.团队行程结束后，对参团客人进行回访，完成顾客满意度调查，建立客户档案，档案包括客户基本信息、历史消费记录、未来消费需求与偏好趋势等。

注意事项及要求：

1.小组成员均填写结算单，之后互相纠错并讨论填写的准确性。

2.组团社团队业务档案文件整理要求包括封面、目录和业务文件。

3.小组成员分别通过电话和网络模拟客户回访过程，小组内部进行互相点评纠错。

任务评价：

按照任务评分表(见表4-1-5)的评分标准进行评价，并做好详细记录，根据评分表评选出最佳任务小组，教师可根据实际情况给予适当的奖励。

表 4-1-5 任务评分表

考核项目:报账与总结		班级:	姓名:
小组名称:		小组组长:	
小组成员:			
总体评价	完成时间	提前	
		准时	
		超时	
	完成质量	优秀	
		良好	
		有待改进	
过程评价	评价标准	分值	得分
	运用多种渠道,主动学习相关知识,提升能力	15	
	灵活运用多种方式获取信息	15	
	有目的、有计划地开展工作	10	
	任务实施过程积极、主动	10	
	文件汇总资料内容翔实、客观、表达清晰	40	
	团队协作	10	
总分		100	

课后任务

1.导游向国内组团计调报账时,计调应该关注哪些事项?

2.如果你是国内组团计调,你会用哪些方式来完成顾客满意度调查?

项目总结和考核评价

任务要求

国内组团计调能够根据游客的要求,设计有针对性的旅游线路产品,通过向地接旅行社等旅游服务供应商询价,并进行内部计价,制订旅游计划,经过发团前的准备工作,做好旅游团队运行与监督管理工作,团队结束后能够顺利完成报账登账和客户维护工作。现需要你对国内组团计调的工作流程学习成果进行汇报展示，汇报的重点在于汇报内容结构清晰、内容全面、语言流畅；难点则在于汇报成果特色突出，新颖且有创意，PPT 设计精美，语言表达具有感染力。

任务实施

对本项目调查过程及成果进行汇报。

1.以小组为单位，交流汇报调研成果，组与组之间提出问题，每组在规定时间完成汇报 PPT 的制作并进行现场展示。汇报要点如下：

(1)国内组团计调的准备工作；

(2)国内组团计调团队运行与监督管理；

(3)国内组团计调报账登账与总结。

2.学生自评、互评，小组组长点评各个组员的工作成效，指导教师要注意引导学生勇于表达、质疑，锻炼学生的逻辑思维与语言表达能力以及创新能力。

3.指导教师给各组评分，并进行针对性的点评，汇总各组成果并给出成绩。

注意事项及要求：

汇报过程中小组之间注意发现问题，并及时提出问题，之后大家共同讨论解决问题。

任务评价：

按照任务评分表的评分标准进行学生自评、互评和教师评价，评选出最佳任务小组，教师可根据实际情况给予适当的奖励。小组自评表、小组互评表、教师评价表分别如表 4-1-6、表 4-1-7、表 4-1-8 所示。

表 4-1-6 小组自评表

考核项目：国内组团计调业务			考核时间：
所在班级：		小组名称：	
小组负责人：	小组成员：		
过程评价	完成时间	提前	
		准时	
		超时	
	完成质量	优秀	
		良好	
		一般	
结果评价	评价标准	分值	得分
	工作开展积极主动	10	
	发团前准备工作完整、符合规范	10	
	发团、运行与监督工作完整、符合规范	10	
	报账登账与总结工作翔实、准确	20	
	分工合理、团队协作	20	
	调研总结报告内容真实客观，有对国内组团计调工作的深刻思考	30	

续表

总分	100	
项目学习反思与总结：		

表 4-1-7　小组互评表

考核项目：国内组团计调业务		分值	得分
成果汇报	信息收集全面	15	
	工作效率高	15	
	课堂展示流畅	20	
	调研报告富有成果	40	
	团队协作	10	
总分		100	

表 4-1-8　教师评价表

考核项目：国内组团计调业务		班级：	
小组名称：		小组组长：	
小组成员：			
评价标准		分值	得分
1.自主学习程度		15	
(1)能够正确理解任务的要求与目标		5	
(2)能够合理运用多种方法收集信息		5	
(3)能够自主获得与任务有关的新知识		5	
2.任务参与程度		15	
(1)是否主动参与计划制订		5	
(2)是否主动寻找解决问题的方法		5	
(3)是否参与小组决策，积极完成工作任务		5	
3.任务实施效果		60	
国内组团计调业务	发团前准备工作完整、符合规范	10	
	调查报告翔实、准确	10	
	发团、运行与监督工作完整、符合规范	15	
	报账登账与总结工作翔实、准确	10	

续表

成果汇报	汇报内容结构清晰、完整	5	
	PPT 排版正确、设计美观	5	
	语言表达清晰、流畅	5	
4.任务总结与反思		10	
(1)按照时间进程完成工作任务		5	
(2)能够进行客观的评价与总结		5	
总分		100	

国内接待计调业务

项目介绍

国内接待计调是按照国内组团社的要求，与其签订接待协议，安排游客在旅游目的地的旅游活动，负责落实游客的游览线路，目的地交通、住宿、餐饮、娱乐购物、导游等服务的人员，其工作对旅游接待质量影响重大。本项目主要学习国内接待计调工作相关业务智谋，从三个方面介绍了国内接待计调的工作流程：第一，国内接待计调员接团前的准备；第二，采购旅游服务知识，特别是服务采购的方法；第三，国内接待计调团队结束后报账与总结工作。

知识导图

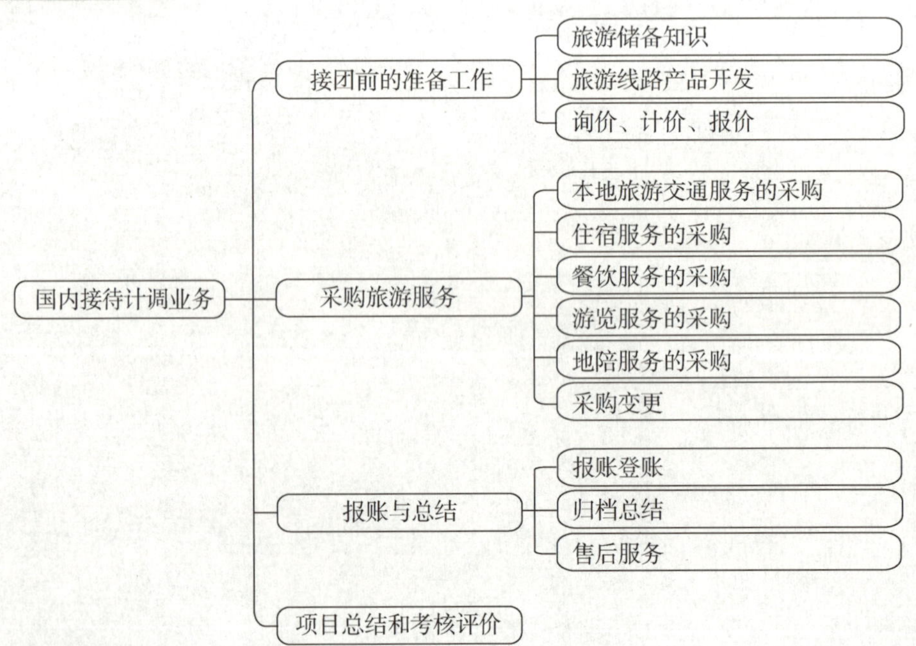

学习目标

1.素质目标

(1)培养团队意识、大局意识、效率意识;
(2)培养主动学习、分析问题和解决问题的能力;
(3)培养顾客至上、质量第一的良好质量意识、服务意识;
(4)培养事无巨细、认真负责的工匠精神。

2.知识目标

(1)了解国内接待计调所需掌握的基础知识;
(2)熟悉国内接待计调的工作内容;
(3)掌握各项地接服务的采购方法;
(4)掌握国内接待计调报账登账方法。

3.能力目标

(1)能够独立完成产品开发、计价、报价;
(2)能够独立完成旅游服务采购;
(3)能够建立完善的团队业务档案。

思政案例

旅行社应向游客提供合格的旅游产品

游客皮某报名参加某旅行社组织的旅游活动。在行程中,导游带领游客前往某景区漂流。其间,皮某驾驶的皮划艇先后两次撞到河中大石头,导致其腰椎骨折。后经司法鉴定,皮某的伤情构成九级伤残。皮某投诉至当地旅游投诉处理机构,要求旅行社、景区和漂流项目经营者共同承担赔偿责任。

皮某认为,其在整个漂流活动中严格遵守旅行社和景区的安排及操作程序,自身并无过错,因此,应由旅行社、景区、漂流项目的经营者共同承担全部责任。旅行社工作人员称,游客出发前已告知其相关注意事项,并在游客出事后垫付了相应的医疗费用,已尽到安全保障义务,因此不应承担责任。

景区负责人认为,景区只销售门票,并不参与游客游览的后续服务,所以应当由提供旅游服务的经营者承担赔偿责任。而漂流项目经营者称,该公司在河道沿线均安排了安全保卫人员,游客受伤是意外导致,因此自身不应承担主要赔偿责任。

当地旅游投诉处理机构调查发现,本次事故因漂流时水位条件不够、漂流辅助设施及安保措施不力导致,且漂流项目经营者未取得河道漂流生产作业许可证。游客严格按照导游及景区工作人员的指示开展漂流活动,对事故的发生并无过错,不应承担责任。

漂流项目经营者在未取得经营许可的情况下经营漂流业务,且在事故发生时并未在河道沿线安排人员值守,也无救护人员及时采取救护措施。因此,应承担60%的赔偿责任。旅行社作为旅游活动的经营者,未谨慎选择旅游项目,未提供导游或其他陪同人员对游客的漂流安全加以保障,也未向旅游者详细告知参加漂流活动的风险和注意事项,存在一定过错,应当承担30%的赔偿责任。景区未严格审查漂流项目经营者的经营资质,在该公司未取得经营许可的情况下,仍为其代销门票,对游客的受伤存在一定过错,应承担10%的赔偿责任。

《中华人民共和国旅游法》第三十四条规定:"旅行社组织旅游活动应当向合格的供应商订购产品和服务。"第四十七条规定:"经营高空、高速、水上、潜水、探险等高风险旅游项目,应当按照国家有关规定取得经营许可。"《最高人民法院关于审理旅游纠纷案件适用法律若干问题的规定》第七条第一款规定:"旅游经营者、旅游辅助服务者未尽到安全保障义务,造成旅游者人身损害、财产损失,旅游者请求旅游经营者、旅游辅助服务者承担责任的,人民法院应予支持。"

本案中,漂流项目经营者在经营高风险旅游项目时未取得相关经营许可;旅行社在选择供应商时,未向旅游者提供合格的旅游产品;景区未审查漂流项目经营者的经营资质,便为其代销门票,均有一定过错,应依法承担相应责任。

(**资料来源:** 文化和旅游部旅游质量监督管理所.旅行社应向游客提供合格的旅游产品[OL].《中国旅游报》.2022-01-14.)

案例思考: 作为国内接待计调,在设计旅游线路产品时,一定要有大局意识和安全意识,在选择旅游产品时,应当充分评估项目风险,确保项目经营者具备相关经营许可和安全保障能力,确保产品合规、可靠。

任务一 接团前的准备工作

任务要求

旅行社运营是否成功,旅行社服务质量是否过硬,在很大程度上取决于计调部门的工作是否到位。计调是旅行社食、住、行、游、购、娱等服务项目的总策划、总设计和总指挥,是旅行社整体运作的灵魂,是旅行社中最核心、最重要的岗位。本任务要求学生掌握旅行社接待计调在接团前需要做的准备工作,主要包括储备知识、旅游行程设计与开发、产品定价和报价。

相关知识

接团前的准备工作

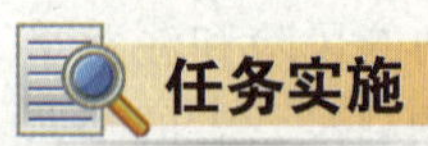

任务实施

学生分组完成任务,充分调研旅行社接待计调接团前的准备工作流程,具体任务及要求如下：

1.学生模拟国内接待计调接收组团社发来的预报旅游计划书，详细记录组团社计划书中涉及的旅行社名称、城市、旅游团人员情况、旅游服务内容要求及等级、旅游线路情况（日程安排、是否需要代为设计地接线路）、团队特殊要求、抵离时间及地点、是否需要代订返程交通票等。

2.根据组团社的要求，为组团社设计本地接待的旅游行程，编排行程单。

3.根据行程单所列接待服务项目向本地旅游服务供应商进行询价，逐项列出各服务单位成本，进行内部计价，并对组团社报价。

注意事项及要求：

学生分组开展任务活动，认真完成旅行社接待计调信息记录表（见表 4-2-1），注重分工和团队合作，经过询价、计价后，发给组团社一份本地旅游行程单和最终报价。

表 4-2-1 旅行社接待计调信息记录表

小组名称：						
组团社		所在城市		组团计调		
团号		接收日期		团队抵离时间	抵达： 月 日	
服务等级		交通形式			离开： 月 日	
旅游团人员情况	人数： 成人： 儿童： 全陪：					
线路情况	地接线路日程：					
团队特殊要求						
是否代订返程交通票			是否代为设计地接线路			
记录人：		记录时间：		审核人：		

任务评价：

按照任务评分表（见表 4-2-2）的评分标准进行评价，并做好详细记录，根据评分表评选出最佳任务小组，教师可根据实际情况给予适当的奖励。

表 4-2-2 任务评分表

考核项目：接团前的准备工作	班级：	姓名：
小组名称：	小组组长：	
小组成员：		

续表

总体评价	完成时间	提前	
		准时	
		超时	
	完成质量	优秀	
		良好	
		有待改进	
过程评价	评价标准	分值	得分
	运用多种渠道,主动学习相关知识,提升能力	15	
	灵活运用调研方法获取信息	15	
	有目的、有计划地开展工作	10	
	任务实施过程积极、主动	10	
	记录单、旅游行程单内容翔实、客观、表达清晰、报价合理	40	
	团队协作	10	
总分		100	

课后任务

1. 国内接待计调在记录组团社计调发送的旅游计划书时,应该着重记录哪些内容?
2. 国内接待计调如何进行内部计价?
3. 国内接待计调对组团社报价的方法有哪些?

任务二 采购旅游服务

任务要求

国内接待计调负责旅游团在本地的住宿、交通、用餐、购物、景点及娱乐等服务项目,因此,计调员必须学会每种接待服务的采购方法和采购程序,以便能够及时为外地旅游团提供旅游服务。本任务要求学生掌握国内接待计调采购旅游服务的相关知识,重点是交通服务的采购、住宿服务的采购、餐饮服务的采购、游览服务的采购和地陪导游服务的采购,要学会制作相关的服务预订单。

相关知识

采购旅游服务及相关表单

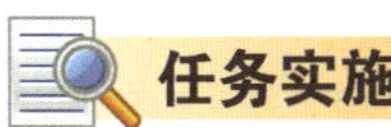

任务实施

学生分组并进行恰当分工,在实训室开展任务活动,每名学生准备一台连接互联网的电脑。模拟国内接待计调开展采购活动,依次开展任务活动环节如下:

(1)根据组团社和地接旅行社确认的“旅行团队计划确认书”,按照团队计划所列旅游服务项目内容进行采购。

(2)接待计调员需要根据用车计划,联系合作的旅游汽车服务公司,填写订车单(见二维码),签订用车合同。

(3)接待计调员根据游客住宿要求,采购符合要求的酒店/宾馆,填写订房单(见二维码),签订用房合同。

(4)接待计调员根据旅游行程中游客的用餐要求采购符合要求的饭店,填写订餐单(见二维码),签订用餐合同。

(5)接待计调员根据组团社的要求,通过对已签协议导游的筛选,选择合适的地接导游,给导游发放导游工作任务单(见二维码)、地接旅行社和组团社最终确认的旅游行程复印件、游客意见反馈单、住宿餐饮交通景点的预定确认单,以及旅游行政管理部门下发的旅游接待计划表或派团单,并协助地接导游处理带团过程中的各项事宜。

注意事项及要求:

学生分组完成任务活动,每名同学都要参与,认真填写各项表单,运用头脑风暴法分析讨论所填写表单的准确性。

任务评价:

按照任务评分表(见表4-2-3)的评分标准进行评价,并做好详细记录,根据评分表评选出最佳任务小组,教师可根据实际情况给予适当的奖励。

表4-2-3 任务评分表

考核项目:采购旅游服务		班级:	姓名:
小组名称:		小组组长:	
小组成员:			
总体评价	完成时间	提前	
		准时	
		超时	
	完成质量	优秀	
		良好	
		有待改进	

续表

	评价标准	分值	得分
过程评价	运用多种渠道,主动学习相关知识,提升能力	15	
	灵活运用信息化方法获取信息	15	
	有目的、有计划地开展工作	10	
	任务实施过程积极、主动	10	
	预订单填写内容翔实、客观、准确	40	
	团队协作	10	
总分		100	

课后任务

1.国内接待计调应该重点采购哪些旅游服务?

2.国内接待计调应该如何选择地陪导游?

3.因某些因素需要变更采购旅游服务时,国内接待计调应遵循哪些原则?

任务三 报账与总结

任务要求

在国内旅游团队顺利结束旅游行程后,国内接待计调还要做好团队结束后的一系列工作。本任务要求学生理解国内接待计调报账登账工作的流程,掌握团队资料的归档总结以及售后服务内容。

相关知识

报账与总结及相关表单

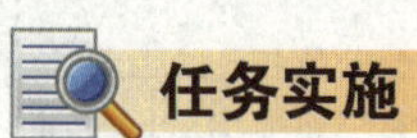

任务实施

学生分组,模拟国内接待计调完成团队结束后的报账总结工作。具体任务实施如下:

1.团队结束之前,填写“旅行团费用结算通知书”(见二维码),详细说明团款明细,主要包括团款总额、已付金额、余额、地接旅行社银行账号等。

2.团队结束之后,要求地陪导游及时报账,凭导游报账单(见二维码),凭各发票原始单据和“游客意见反馈表”及时报账。然后根据团队发生的费用填写该团“费用结算单”(见二维码),向财务报账。

3.各组整理本次任务包含的文档资料,建立地接旅行社团队业务档案,将团队操作的原始单据及与组团社往来的各种文件整理归档。文件名录如下:

(1)双方旅行社团队确认单;

(2)接团行程计划单(电子行程单);

(3)旅行社团队确认单;

(4)订房确认单;

(5)订车确认单;

(6)导游接团任务工作单;

(7)结算单;

(8)服务质量反馈表;

(9)相关材料。

注意事项及要求:

学生分组模拟国内接待计调工作情景,进行任务活动,每名同学都要参与,认真完成任务涉及的表单,运用头脑风暴法分析讨论所写表单的准确性。

每小组提交一份地接旅行社团队业务档案,该档案文件的整理包括封面、目录和业务文件,小组内部进行互相点评纠错。

任务评价:

按照任务评分表(见表4-2-4)的评分标准进行评价,并做好详细记录,根据评分表评选出最佳任务小组,教师可根据实际情况给予适当的奖励。

表4-2-4 任务评分表

考核项目:报账与总结		班级:	姓名:
小组名称:		小组组长:	
小组成员:			
总体评价	完成时间	提前	
		准时	
		超时	
	完成质量	优秀	
		良好	
		有待改进	

续表

	评价标准	分值	得分
过程评价	运用多种渠道,主动学习相关知识,提升能力	15	
	灵活运用多种方式获取信息	15	
	有目的、有计划地开展工作	10	
	任务实施过程积极、主动	10	
	表单撰写准确,内容翔实	20	
	文件汇总资料内容翔实、全面、准确	20	
	团队协作	10	
总分		100	

课后任务

1.国内接待计调的报账工作主要有哪些内容?

2.简述国内接待计调团队业务档案应该包含哪些资料。

项目总结和考核评价

任务要求

国内接待计调按照组团社计划和要求确定旅游线路行程安排,并确定旅游地用车、用餐、住宿、游览、地陪等服务,其服务质量关系组团社旅游团的服务质量。现需要你对旅行社接待计调的业务操作流程的学习成果进行汇报展示,汇报的重点在于汇报内容结构清晰、内容全面、语言流畅;难点则在于汇报成果特色突出,新颖有创意,PPT设计精美,语言表达具有感染力。

任务实施

对本项目调查过程及成果进行汇报。

1.以小组为单位,交流汇报学习成果,组与组之间提出问题,每组在规定时间完成汇报PPT的制作并进行现场展示。汇报要点如下:

(1)国内接待计调接团前的准备工作;

(2)国内接待计调旅游服务采购;

(3)国内接待计调团队结束后的报账总结工作。

2.学生自评、互评,小组组长点评各个组员的工作成效,指导教师要注意引导学生勇于表达、质疑,锻炼学生的逻辑思维与语言表达能力以及创新能力。

3.指导教师给各组评分,并进行有针对性的点评,汇总各组成果并给出成绩。

注意事项及要求:

汇报过程中各小组之间注意发现问题,并及时提出问题,之后大家共同讨论解决问题。

任务评价:

按照任务评分表的评分标准进行学生自评、互评和教师评价,评选出最佳任务小组,教师可根据实际情况给予适当的奖励。小组自评表、小组互评表、教师评价表分别如表 4-2-5、表 4-2-6、表 4-2-7 所示。

表 4-2-5 小组自评表

考核项目:国内接待计调业务			考核时间:
所在班级:		小组名称:	
小组负责人:	小组成员:		
过程评价	完成时间	提前	
		准时	
		超时	
	完成质量	优秀	
		良好	
		一般	
结果评价	评价标准	分值	得分
	工作开展积极主动	10	
	灵活运用多种方法搜集资料	10	
	计划制订合理	10	
	线路行程安排合理	20	
	表单填写完整	20	
	地接业务档案归档	20	
	团队合作	10	
总分		100	
项目学习反思与总结:			

表 4-2-6　小组互评表

考核项目:国内接待计调业务		分值	得分
成果汇报	信息收集全面	10	
	工作效率高	10	
	课堂展示流畅	20	
	线路行程安排合理	20	
	表单填写质量高	30	
	团队协作	10	
	总分	100	

表 4-2-7　教师评价表

考核项目:国内接待计调业务		班级:	姓名:
小组名称:		小组组长:	
小组成员:			
评价标准		分值	得分
1.自主学习程度		15	
(1)能够正确理解任务的要求与目标		5	
(2)能够合理运用多种方法收集信息		5	
(3)能够自主获得与任务有关的新知识		5	
2.任务参与程度		15	
(1)是否主动参与计划制订		5	
(2)是否主动寻找解决问题的方法		5	
(3)是否参与小组决策,积极完成工作任务		5	
3.任务实施效果		60	
国内接待计调业务	与组团社沟通顺畅	5	
	行程安排合理	5	
	表单填写规范	10	
	旅游服务采购合理	5	
	有效掌握业务操作流程	10	
	文档撰写规范、准确	5	
	归档完整	5	
成果汇报	汇报内容结构清晰、完整	5	
	PPT 排版正确、设计美观	5	
	语言表达清晰、流畅	5	

续表

4.任务总结与反思	10	
(1)按照时间进程完成工作任务	5	
(2)能够进行客观的评价与总结	5	
总分	100	

出境组团计调业务

项目介绍

出境旅游是我国居民生活水平提高的标志之一，也是我国国际旅游业务完成从纯接待型向接待、组团双向发展的标志，而且此项业务也将随着我国经济水平的逐步提高和消费观念的逐步改变进一步得到发展。出境组团计调业务与国内组团计调业务的操作方法类似，但由于涉及出境环节，因此在操作上又复杂了许多。

本项目主要介绍出境组团计调的工作流程。主要包括三个方面：第一，出境组团计调员应该掌握的基础知识；第二，出境组团计调的发团、运行与监督的团队业务操作知识；第三，出境计调团队结束后的报账与总结工作。

知识导图

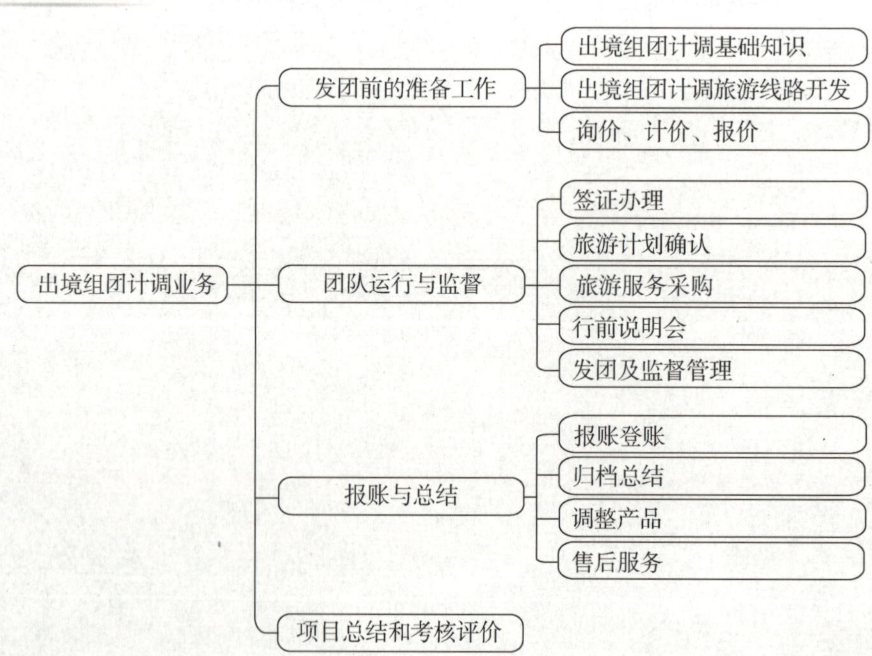

学习目标

1.素质目标

(1)培养团队意识、大局意识、效率意识;

(2)培养主动学习、分析问题和解决问题、与人沟通交往的能力;

(3)培养顾客至上的服务意识、质量第一的良好质量意识;

(4)培养事无巨细、认真负责的工匠精神。

2.知识目标

(1)了解出境组团计调应掌握的基础知识;

(2)熟悉出境旅游线路设计、开发及定价、报价的方法;

(3)掌握出境游计调操作的基本内容;

(4)掌握出境游计调操作的业务流程。

3.能力目标

(1)能够独立办理签证;

(2)能够独立设计出境旅游线路,并进行定价和报价;

(3)能按流程完成团队出境游业务的操作。

思政案例

中国成为全球最大出境游市场,旅游为中国添彩

国家统计局最新发布的报告显示,中国出境旅游人数和境外旅游支出位居世界第一,中国已成为全球最大的出境游市场。中国旅游业发展速度之快、规模之大,超过许多国家,成为国际社会关注的“中国现象”。

中华人民共和国成立以来,伴随着经济社会的发展变迁,中国旅游业从无到有、从弱到强,从外交事业到经济产业,再到综合性产业,旅游业的功能逐渐丰富,成为名副其实的国民经济战略性支柱产业。国内游、入境游、出境游三大市场欣欣向荣,旅游日益成为中国人小康生活的重要标志,成为今日中国与世界更加自信对话的窗口,也是世界认识现代中国、开放中国、文明中国、美丽中国、幸福中国的途径。

中国对外开放,旅游先行一步。伴随着改革开放,中国向海外游客敞开了大门。五千年的灿烂文化、大好山河的旖旎风光、中华人民共和国自成立以来的经济成果……对于海外游客而言,中国的一切都充满了吸引力。1976 年,北京一年接待外宾不足 2 万人,1980 年猛增至 28 万人。那时,许多来京旅游的外国游客甚至需要住到河北、天津,甚至江苏南京等地区。1994 年,中国国际旅游创汇达 73.23 亿美元,《人民日报》在一版刊发评论员文章《托起这一轮朝阳——祝贺我国旅游创汇突破 70 亿美元》。如今,中国已成为全球至关重要的入境旅游市场。来华感受现代经济发展的脉搏,看一看当代中国人的新生活,成为中国吸引外国游客的魅力所在。

2019 年 9 月初,世界经济论坛发布的《2019 年旅游业竞争力报告》显示,中国在全球旅游业竞争力榜单中排名第 13 位,较 10 年前上升了 34 位。在全球旅游业发展版图中,中国走出了一条“逆袭”之路。1983 年,中国正式加入世界旅游组织,成为其正式会员。中国与世界的对话越来越频繁,合作越来越紧密,世界对中国旅游投以越来越多的关注。2013 年,中国出境旅游人数首次跃居世界第一位。如今,研究中国出境旅游的发展几乎是所有目的地国家和地区的“功课”,这一切都源于其对中国经济发展实力、中国旅游市场潜力的信心。更多中国游客走出去,展示中国人的新面貌和中国的新形象。出境旅游的发展,让中国人认识了世界,也让世界进一步认识了中国。

(**资料来源:**中国成为全球最大出境游市场,旅游为中国添彩[OL].《人民日报》海外版,2019-09-25.)

案例思考:国内旅游和出境旅游的兴旺,使老百姓真正将自己的生活和旅游联系起来,日益成为人们的重要生活方式之一,成为中国人美好生活的标志。国际社会则从开始关注如何游历中国、了解中国,到更加关注不断增长的中国出境旅游人数。正是中国经济的繁荣和中国社会的稳定,支撑着中国游客的脚步在全球不断延伸,中国与世界对话更加自信、更加从容。

发团前的准备工作

任务要求

出境组团计调就是通过各种途径,将游客送抵旅游目的国家或地区旅游业务的操作者,只有充分做好准备工作才能为出境旅游团队服务。本任务要求学生掌握旅行社出境组团计调在发团前需要做的准备工作,主要包括基础知识、旅游行程设计与开发、产品定价和报价。通过对该任务的学习,学生掌握了出境旅游的开发要求、内容及开发的主要类型,能够独立地为旅游者设计旅游行程;明确了出境旅游线路价格构成、计价和报价方法,能够独立地为旅游者报价。

相关知识

发团前的准备工作

任务实施

学生分组完成任务,充分利用互联网技术调研境外接待社信息,开展国内组团计调发团前的准备工作,具体任务及要求如下:

1.结合所学知识,每组学生设计一条泰国出境旅游线路(5 日游以上线路行程)。

2.充分借助信息化智慧技术,搜集 3~5 家泰国当地地接旅行社,整理相关资料,分析并选择合适的旅行社开展合作。

3.积极联系境外地接旅行社，将泰国旅游线路发送给地接旅行社，并进行询价，请地接旅行社进行分项报价，以便了解各项成本。

4.结合所学知识，各小组根据询价情况进行内部计价，计价时考虑要全面，不能出现漏项增项，并进行报价，报价时考虑留出 10%～20%的操作费用（利润）。

最后，各小组根据所设计的旅游线路行程和价格，制作完整的行程单，并进行命名和编制团号。

注意事项及要求：

学生分组开展任务活动，注重分工和团队合作，经过询价、计价、报价后，最终成果为：某旅行社泰国 5 日游行程单。该行程单包含：线路名称、出团日期、线路特色、每日行程、住宿、餐饮、游览、交通、娱乐、费用说明、旅游须知等。

任务评价：

按照任务评分表（见表 4-3-1）的评分标准进行评价，并做好详细记录，根据评分表评选出最佳任务小组，教师可根据实际情况给予适当的奖励。

表 4-3-1 任务评分表

考核项目：发团前的准备工作		班级：	姓名：
小组名称：		小组组长：	
小组成员：			
总体评价	完成时间	提前	
		准时	
		超时	
	完成质量	优秀	
		良好	
		有待改进	
过程评价	评价标准	分值	得分
	运用多种渠道，主动学习相关知识，提升能力	15	
	灵活运用调研方法获取信息	15	
	有目的、有计划地开展工作	10	
	任务实施过程积极、主动	10	
	行程单要素齐全、富有特色	40	
	团队协作	10	
总分		100	

课后任务

1.出境组团计调应该如何选择境外地接旅行社？

2.出境旅游线路价格由哪些要素构成？

3.描述出境组团计调境外旅游线路计价报价的流程。

任务二

团队运行与监督

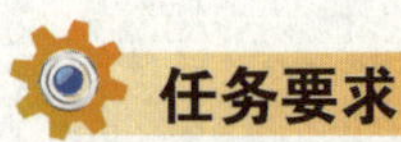

任务要求

在经过发团前的准备工作之后，出境组团计调就要进入旅游团队运营工作中了。本任务要求学生掌握出境组团计调签证办理、国际往返交通服务的采购、出境旅游计划确认、出境领队服务、行前说明会、发团及监督管理等知识。

相关知识

团队运行与监督及领队日志

任务实施

学生分组并进行恰当分工，在实训室开展任务活动，每名学生准备一台连接互联网的电脑。模拟出境组团计调完成任务，依次开展活动如下：

1.按照签证办理要求审核护照、照片、银行存款证明、流水账单、营业执照及信签纸、申请表、财产证明、身份证明等证件；认真审核证件的时效性，如果有所缺材料或材料不符合要求，应及时联系客户。

准备好送签资料，填写签证申请表，落实好地接旅行社后，将客人资料交由经理审批，确定送签单位后和财务核对一遍收费情况，无误后送签。

2.送签的同时，进一步确定行程，向地接旅行社发送预报计划，预报计划经过变更、确认后，将正式旅游团队计划确认书加盖公章后发送给境外地接旅行社，并要求地接旅行社尽快回传确认。

3.等签证办理下来后，出境组团计调就要求机票销售单位出机票，并且仔细检查机票，看机票是否与行程吻合，航班号、游客姓名、护照号、出生日期、签证日期等是否准确。

4.选择符合旅游团队性质要求的领队，与领队交接团队所有具体事宜，下发“游客意见反馈单”、“领队日志”（见二维码）、“游客名单”。

5.在团队出发前1~3天通知客人关于出团的具体信息，向游客传达或发送“出团通知书”，召开行前说明会。

6.发团并进行监督。团队运行过程中与领队、地接旅行社保持密切联系,及时获得团队信息,如遇突发情况,负责协调处理。

注意事项及要求:

学生分组开展任务活动,每名同学都要参与,认真完成各项任务;适时运用头脑风暴法分析讨论出境组团计调业务操作流程及注意事项。

任务评价:

按照任务评分表(见表4-3-2)的评分标准进行评价,并做好详细记录,根据评分表评选出最佳任务小组,教师可根据实际情况给予适当的奖励。

表4-3-2 任务评分表

<table>
<tr><td colspan="2">考核项目:团队运行与监督</td><td>班级:</td><td>姓名:</td></tr>
<tr><td colspan="2">小组名称:</td><td colspan="2">小组组长:</td></tr>
<tr><td colspan="4">小组成员:</td></tr>
<tr><td rowspan="6">总体评价</td><td rowspan="3">完成时间</td><td>提前</td><td></td></tr>
<tr><td>准时</td><td></td></tr>
<tr><td>超时</td><td></td></tr>
<tr><td rowspan="3">完成质量</td><td>优秀</td><td></td></tr>
<tr><td>良好</td><td></td></tr>
<tr><td>有待改进</td><td></td></tr>
<tr><td rowspan="7">过程评价</td><td>评价标准</td><td>分值</td><td>得分</td></tr>
<tr><td>运用多种渠道,主动学习相关知识,提升能力</td><td>15</td><td></td></tr>
<tr><td>灵活运用信息化方法获取信息</td><td>15</td><td></td></tr>
<tr><td>有目的、有计划地开展工作</td><td>10</td><td></td></tr>
<tr><td>任务实施过程积极、主动</td><td>10</td><td></td></tr>
<tr><td>任务完成效果</td><td>40</td><td></td></tr>
<tr><td>团队协作</td><td>10</td><td></td></tr>
<tr><td colspan="2">总分</td><td>100</td><td></td></tr>
</table>

课后任务

1.出境组团计调要时时监控团队的异地运行,应该监控哪些内容?

2.出境组团计调应该如何选择出境领队?

任务三

报账与总结

任务要求

在团队顺利结束境外行程返回本地后，出境组团计调与领队一起做好送团工作。主动征求客人的意见，让游客高高兴兴地结束整个旅游行程。本任务要求学生要掌握出境组团计调报账、登账工作的流程，熟悉团队资料的归档总结以及售后服务内容。

相关知识

报账与总结

任务实施

学生分组并进行恰当分工，在实训室开展任务活动，每名学生准备一台连接互联网的电脑；模拟出境组团计调完成报账与总结等任务，依次开展活动如下：

1.团队行程结束后，根据地接旅行社发来的“旅行团费用结算通知书”，填写“决算单”，连同与游客签订的《旅游合同》、与地接旅行社签订的“旅行团队计划确认书”、地接旅行社发来的“结算单”、地接旅行社开具的发票等原始凭证，交公司财务报账。

2.各组整理本次任务包含的文档资料，建立组团社出境团队业务档案，文件如下：

(1)出境旅游合同；

(2)旅游行程计划说明书；

(3)旅游者名单；

(4)授权委托书；

(5)双方旅行社团队确认单；

(6)组团行程计划单；

(7)服务质量反馈表；

(8)结算单；

(9)旅游安全相关材料(如保险单据等)；

(10)领队日志；

(11)其他相关材料。

3.团队行程结束后，对参团客人进行回访，完成顾客满意度调查表，建立客户档案，档案包括客户基本信息、历史消费记录、未来消费需求与取向等。

注意事项及要求：

学生分组模拟出境组团计调工作情景，完成任务活动，每名同学都要参与，认真完成任务活动。

每小组提交一份出境组团计调旅游团业务档案，该档案文件整理包括封面、目录和业务文件，小组内部进行互相点评纠错。

任务评价：

按照任务评分表（见表4-3-3）的评分标准进行评价，并做好详细记录，根据评分表评选出最佳任务小组，教师可根据实际情况给予适当的奖励。

表4-3-3 任务评分表

考核项目：报账与总结		班级：	姓名：
小组名称：		小组组长：	
小组成员：			
总体评价	完成时间	提前	
		准时	
		超时	
	完成质量	优秀	
		良好	
		有待改进	
过程评价	评价标准	分值	得分
	运用多种渠道，主动学习相关知识，提升能力	15	
	灵活运用多种方式获取信息	15	
	有目的、有计划地开展工作	10	
	任务实施过程积极、主动	10	
	报账工作准确，效果好	20	
	文件汇总资料内容翔实、全面、准确	20	
	团队协作	10	
总分		100	

课后任务

1.出境组团计调如何进行团队结算？

2.出境组团计调整理团队业务档案资料，主要包括哪些内容？

项目总结和考核评价

通过对该项目的学习，学生掌握了出境组团计调在发团前期的业务准备、发团及运行监督管理阶段及发团后报账与总结阶段的操作流程与具体的工作内容，使学生能够在旅行社进行简单的出境组团计调业务操作。现需要你对出境组团计调的业务操作流程学习成果进行汇报展示，汇报的重点在于汇报内容结构清晰、内容全面、语言流畅；难点则在于汇报成果特色突出，新颖有创意，PPT 设计精美，语言表达具有感染力。

任务实施

对本项目调查过程及成果进行汇报。

1.以小组为单位，交流汇报学习成果，组与组之间提出问题，每组在规定时间内完成汇报 PPT 的制作并进行现场展示。汇报要点如下：

（1）出境组团计调发团前的准备工作；

（2）出境组团计调发团、运行与监督的团队操作；

（3）出境组团计调团队结束后的报账与总结工作。

2.学生自评、互评，小组组长点评各个组员的工作成效，指导教师要注意引导学生勇于表达、质疑，锻炼学生的逻辑思维与语言表达能力以及创新能力。

3.指导教师给各组评分，并进行有针对性的点评，汇总各组成果并给出成绩。

注意事项及要求：

汇报过程中小组之间注意发现问题，并及时提出问题，之后大家共同讨论解决问题。

任务评价：

按照任务评分表的评分标准进行学生自评、互评和教师评价，评选出最佳任务小组，教师可根据实际情况给予适当的奖励。小组自评表、小组互评表、教师评价表分别如表 4-3-4、表 4-3-5、表 4-3-6 所示。

表 4-3-4　小组自评表

<table>
<tr><td colspan="3">考核项目：出境组团计调业务</td><td>考核时间：</td></tr>
<tr><td colspan="2">所在班级：</td><td colspan="2">小组名称：</td></tr>
<tr><td>小组负责人：</td><td colspan="3">小组成员：</td></tr>
</table>

续表

过程评价	完成时间	提前	
		准时	
		超时	
	完成质量	优秀	
		良好	
		一般	
结果评价	评价标准	分值	得分
	工作开展积极主动	10	
	灵活运用多种方法搜集资料	10	
	计划制订合理、操作性强	10	
	出境旅游线路设计合理	20	
	表单填写完整	20	
	出境组团业务档案归档	20	
	团队合作	10	
总分		100	
项目学习反思与总结:			

表 4-3-5 小组互评表

考核项目:出境组团计调业务		分值	得分
成果汇报	信息收集全面	10	
	工作效率高	10	
	课堂展示流畅	20	
	线路行程安排合理	20	
	表单填写质量高	30	
	团队协作	10	
总分		100	

表 4-3-6 教师评价表

考核项目:出境组团计调业务	班级:	姓名:
小组名称:	小组组长:	
小组成员:		

续表

评价标准		分值	得分
1.自主学习程度		15	
(1)能够正确理解任务的要求与目标		5	
(2)能够合理运用多种方法收集信息		5	
(3)能够自主获得与任务有关的新知识		5	
2.任务参与程度		15	
(1)是否主动参与计划制订		5	
(2)是否主动寻找解决问题的方法		5	
(3)是否参与小组决策,积极完成工作任务		5	
3.任务实施效果		60	
出境组团计调业务	选择境外地接旅行社并沟通良好	5	
	行程安排合理	5	
	表单填写规范	10	
	旅游服务采购合理	5	
	有效掌握业务操作流程	10	
	文档撰写规范、准确	5	
	归档完整	5	
成果汇报	汇报内容结构清晰、完整	5	
	PPT 排版正确、设计美观	5	
	语言表达清晰、流畅	5	
4.任务总结与反思		10	
(1)按照时间进程完成工作任务		5	
(2)能够进行客观的评价与总结		5	
总分		100	

入境接待计调业务

项目介绍

本项目主要介绍入境接待计调业务操作的相关知识，主要包括以下方面：首先，介绍了入境接待计调应该掌握的各种知识；然后，阐述了入境旅游线路的设计与开发、定价与报价及入境接待服务的采购方法；最后，详细地分析了入境接待计调的整个工作流程。

知识导图

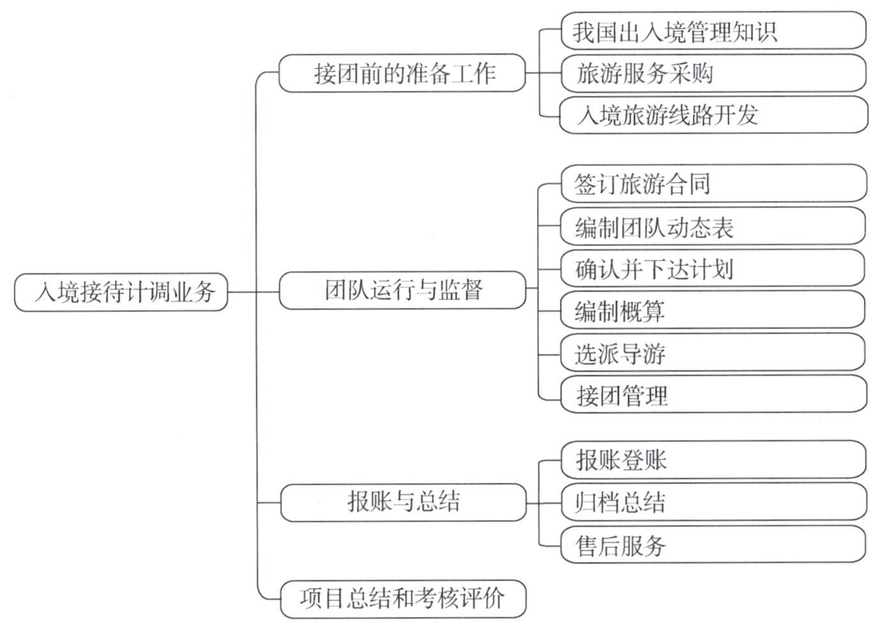

学习目标

1.素质目标

(1)培养团队意识、大局意识、效率意识、与人沟通交往的能力;

(2)培养主动学习、分析问题和解决问题的能力;

(3)培养顾客至上的服务意识、质量第一的良好质量意识;

(4)培养事无巨细、认真负责的工匠精神。

2.知识目标

(1)了解入境接待计调应掌握的基础知识;

(2)熟悉入境旅游线路设计、开发、定价、报价;

(3)明确入境接待服务的采购内容和方法;

(4)掌握入境接待计调操作的业务流程。

3.能力目标

(1)能独立地设计入境旅游线路,并进行定价、报价;

(2)能独立采购各项旅游服务;

(3)能按流程完成入境旅游接待业务的操作。

思政案例

北京:文旅融合促入境旅游强劲增长

入境旅游是北京具有国际都市魅力和形象的重要体现,也是"文化中心"和"国际交往中心"建设的重要指标。自改革开放以来,北京的入境旅游市场增长较快,在全国入境旅游市场中也占有相当大的比重。日前,在北京举办的第九届首都旅游发展论坛上,与会专家表示,北京的文化特征、战略定位、区域资源、环境氛围、营销模式和政策举措造就了其入境旅游的蓬勃发展态势,北京旅游市场对境外游客的吸引力正在不断提升。

当前,北京入境旅游发展获得相关政策发展机遇。北京市文化改革和发展领导小组办公室日前印发的《关于推进北京市文化和旅游融合发展的意见》,目标是进一步健全资源体系、空间布局、公共服务等领域政策措施,推动文化与旅游在更广范围、更深层次、更高水平上实现融合发展,扩大优质文化和旅游产品服务供给,将北京打造成为世界文化名城和国际一流旅游城市。

2019 年,在北京市推进新一轮服务业扩大开放综合试点的背景下,北京市文化和旅游局会同相关部门制订并发布了《北京市文化旅游领域开放改革三年行动计划》。有专家认为,近年来,北京大力发展和提振入境旅游市场,实施了入境旅游奖励专项资金、会奖旅游奖励资金、境外游客购物离境退税、144 小时过境免签等一系列政策措施,有力地推动了北京入境旅游发展。此外,2019 北京世园会的举办、北京大兴国际机场投入运行等,均为北京入境旅游发展带来新的契机。

"北京的城市定位决定了发展入境旅游具有特殊的重要意义。"谈及北京的入境旅游市场,北京第二外国语学院旅游科学学院教授张凌云表示,北京独特的文化资源是文旅融合、高质量打造旅游品牌的基础,要以世界旅游城市标准,规划设计北京旅游产品、旅游活动和旅游项目。

在入境旅游产品开发设计上,北京精准把握游客的消费需求,高度关注目标国社交网络热点话题和流行趋势，推出定制化的“网红”爆款产品，如针对欧洲游客对中国移动支付便利程度的关注好奇，推出“不带钱包一日游北京”项目；在入境旅游配套服务供给上，以精细化、精准化、精致化的服务供给提升游客体验感，比如，关注游客在当地公共交往需求，以咖啡馆、实体书店、影剧院等青年乐于踏足的场所为核心，支持相应场所提供有文化主题、文化特色和文化内涵的服务等。

（**资料来源：**马霞.北京：文旅融合促入境旅游强劲增长[OL].《中国文化报》，2019-12-30.）

案例思考：入境旅游的市场开发和战略制定，需要重视文化体验优化，重视口碑营销以及口碑营销的整体设计。入境接待社要积极融入国家文旅融合发展战略，坚持文化自信，将中国特色文化资源与全球客源市场主流消费群体需求有效对接，传承中华优秀传统文化，打造推出更多优秀的中华传统文化产品，讲好中国故事，传播好中国声音，对外展现可信、可爱、可敬的中国形象，推动中国文化更好走向世界，助力入境旅游市场发展。

接团前的准备工作

入境接待计调是指接受中国以外的国家和地区（含中国港澳台地区）组团社委托，按照其要求在中国境内的旅游目的地完成其对游客承诺的旅游行程安排的过程。入境接待计调员就是在国际旅行社中操作这项业务的工作人员。入境接待是一个国家对外接待水平和形象的窗口，所以入境计调员应该做好接团前的准备工作。本任务要求学生掌握入境接待计调在发团前需要做的准备工作，主要包括基础知识、旅游行程设计与开发、产品定价和报价。

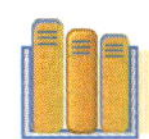

相关知识

接团前的准备工作

学生分组，充分利用互联网技术调研境外组团社信息，完成入境接待计调接团前的准备工作，具体任务及要求如下：

1.结合所学知识,选择东南亚游客为入境目标市场客户,每组学生为境外客人设计一条中国入境旅游线路(7 日游以上线路行程),要求旅游目的地涉及本省市和外省市。

2.充分借助信息化智慧技术,搜集 3~5 家外省市地接旅行社,整理相关资料,分析并选择合适的旅行社开展合作,并进行询价。

3.结合所学知识,各小组根据询价情况进行内部计价,计价时要考虑要全面,不能出现漏项、增项,并进行报价,报价时考虑留出 15% 20%的利润。

4.各小组根据所设计的旅游线路行程和价格,制作完整的行程单,并进行命名和编制团号。

注意事项及要求:

学生分组开展任务活动,注重分工和团队合作,经过询价、计价、报价后,形成最终成果——某旅行社入境 7 日游行程单。行程单内容包含:线路名称、出团日期、线路特色、每日行程、住宿、餐饮、游览、交通、娱乐、费用说明、旅游须知等。

任务评价:

按照任务评分表(见表 4-4-1)的评分标准进行评价,并做好详细记录,根据评分表评选出最佳任务小组,教师可根据实际情况给予适当的奖励。

表 4-4-1 任务评分表

<table>
<tr><td colspan="2">考核项目:接团前的准备工作</td><td>班级:</td><td>姓名:</td></tr>
<tr><td colspan="2">小组名称:</td><td colspan="2">小组组长:</td></tr>
<tr><td colspan="4">小组成员:</td></tr>
<tr><td rowspan="6">总体评价</td><td rowspan="3">完成时间</td><td>提前</td><td></td></tr>
<tr><td>准时</td><td></td></tr>
<tr><td>超时</td><td></td></tr>
<tr><td rowspan="3">完成质量</td><td>优秀</td><td></td></tr>
<tr><td>良好</td><td></td></tr>
<tr><td>有待改进</td><td></td></tr>
<tr><td rowspan="7">过程评价</td><td>评价标准</td><td>分值</td><td>得分</td></tr>
<tr><td>运用多种渠道,主动学习相关知识,提升能力</td><td>15</td><td></td></tr>
<tr><td>灵活运用调研方法获取信息</td><td>15</td><td></td></tr>
<tr><td>有目的、有计划地开展工作</td><td>10</td><td></td></tr>
<tr><td>任务实施过程积极、主动</td><td>10</td><td></td></tr>
<tr><td>行程单要素齐全、富有特色</td><td>40</td><td></td></tr>
<tr><td>团队协作</td><td>10</td><td></td></tr>
<tr><td colspan="2">总分</td><td>100</td><td></td></tr>
</table>

课后任务

1.如何开发入境旅游线路?

2.入境旅游线路报价流程有哪些?

3.入境旅游线路的报价方法有哪些?

任务二 团队运行与监督

任务要求

在经过接团前的准备工作之后,入境接待计调就要进入旅游团队运行工作中了。本任务要求学生掌握入境接待计调签订旅游合同、确定团名团号、确认下达计划、选派导游、接团管理等知识。

相关知识

团队运行与监督

任务实施

学生分组并进行恰当分工,在实训室开展任务活动,每名学生准备一台连接互联网的电脑。模拟入境接待计调实施任务,依次开展活动如下:

1.按照国家有关法律规定,查阅资料,模拟境内接待旅行社拟定旅游合同,要求合同内容完整且符合法律要求。

2.编制旅游团队动态表,并向各合作单位发送正式的旅游接待计划,并要求书面回复确认。

3.根据组团社要求和旅游团队实际情况,选择具有良好职业道德、语言对口、等级高、具有爱国主义情怀的优秀导游带团,给导游发放团队计划、游客资料、游客意见反馈单、导游日志等,提醒导游按时接团。

4.发团并进行监督。团队运行过程中与导游、各合作单位保持密切联系,及时获得团队信息,如遇突发情况则负责协调处理。

注意事项及要求:

学生分组进行,每名同学都要参与,认真完成各项任务,适时运用头脑风暴法分析讨论入境接待计调团队运行操作流程及注意事项。

任务评价:

按照任务评分表(见表 4-4-2)的评分标准进行评价,并做好详细记录,根据评分表评选出最佳任务小组,教师可根据实际情况给予适当的奖励。

表 4-4-2 任务评分表

考核项目:团队运行与监督		班级:	姓名:
小组名称:		小组组长:	
小组成员:			
总体评价	完成时间	提前	
		准时	
		超时	
	完成质量	优秀	
		良好	
		有待改进	
过程评价	评价标准	分值	得分
	运用多种渠道,主动学习相关知识,提升能力	15	
	灵活运用信息化方法获取信息	15	
	有目的、有计划地开展工作	10	
	任务实施过程积极、主动	10	
	任务完成效果好	40	
	团队协作	10	
总分		100	

课后任务

1.入境接待计调的业务流程有哪些?

2.作为一名入境接待计调,你如何选择优秀的地陪导游?

任务三 报账与总结

任务要求

入境旅游团队行程结束后，入境计调就要及时开展后续工作，本任务要求学生要掌握入境接待计调送团之后的工作流程，主要包括报账登账、归档总结、售后服务。

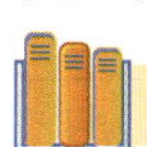

相关知识

报账与总结

任务实施

学生分组并进行恰当分工，在实训室开展任务活动，每名学生准备一台连接互联网的电脑。模拟入境接待计调实施报账与总结等工作任务，依次开展活动如下：

1.通知导游凭导游报账单、接待计划、陪同报告书、质量反馈单、原始票据等及时报账，制作决算单，经各级领导签字向财务部报账。

2.各组整理本次任务包含的文档资料，建立入境接待旅游团队业务档案，文件如下：

(1)旅游合同；

(2)旅游行程计划；

(3)旅游者名单；

(4)授权委托书；

(5)双方旅行社团队确认单；

(6)游客意见反馈单；

(7)结算单；

(8)导游日志；

(9)旅游安全相关材料(如保险单据等)；

(10)其他相关材料。

3.团队行程结束后，对境外组团社进行回访，完成顾客满意度调查表，建立客户档案，内容包括客户基本信息、历史消费记录、未来消费需求与取向等。

注意事项及要求：

学生分组模拟入境接待计调工作情景，开展任务活动，每名同学都要参与，认真完成各项任务。

每小组提交一份入境接待计调旅游团业务档案，该档案文件整理要求包括封面、目录和业务文件，小组内部进行互相点评纠错。

任务评价：

按照任务评分表（见表4-4-3）的评分标准进行评价，并做好详细记录，根据评分表评选出最佳任务小组，教师可根据实际情况给予适当的奖励。

表4-4-3 任务评分表

考核项目：报账与总结		班级：	姓名：
小组名称：		小组组长：	
小组成员：			
总体评价	完成时间	提前	
		准时	
		超时	
	完成质量	优秀	
		良好	
		有待改进	
过程评价	评价标准	分值	得分
	运用多种渠道，主动学习相关知识，提升能力	15	
	灵活运用多种方式获取信息	15	
	有目的、有计划地开展工作	10	
	任务实施过程积极、主动	10	
	报账工作准确，效果好	20	
	文件汇总资料内容翔实、客观、表达清晰	20	
	团队协作	10	
总分		100	

课后任务

1.请列出入境接待旅游团队业务档案需要入档的材料目录。

2.作为一名入境接待计调，你如何进行入境游客满意度调查？

任务四

项目总结和考核评价

任务要求

通过对入境接待计调业务的学习,学生掌握了入境接待计调在接团前期的业务准备、团队运行业务操作阶段及送团后报账总结阶段的操作流程与具体的工作内容,使学生能够掌握入境接待计调基本的业务操作技能。现需要你对旅行社入境接待计调的业务操作流程学习成果进行汇报展示,汇报的重点在于汇报内容结构清晰、内容全面、语言流畅;难点则在于汇报成果特色突出,新颖有创意,PPT 设计精美,语言表达具有感染力。

任务实施

对本项目调查过程及成果进行汇报。

1.以小组为单位,交流汇报学习成果,组与组之间提出问题,每组在规定时间完成汇报 PPT 的制作并进行现场展示。汇报要点如下:

(1)入境接待计调接团前的准备工作;

(2)入境接待计调团队运行业务操作;

(3)入境接待计调团队结束后报账与总结。

2.学生自评、互评,小组组长点评各个组员的工作成效,指导教师要注意引导学生勇于表达、质疑,锻炼学生的逻辑思维与语言表达能力以及创新能力。

3.指导教师给各组评分,并进行有针对性的点评,汇总各组成果并给出成绩。

注意事项及要求:

汇报过程中小组之间注意发现问题,并及时提出问题,之后大家共同讨论解决问题。

任务评价:

按照任务评分表的评分标准进行学生自评、互评和教师评价,评选出最佳任务小组,教师可根据实际情况给予适当的奖励。小组自评表、小组互评表、教师评价表分别如表 4-4-4、表 4-4-5、表 4-4-6 所示。

表 4-4-4 小组自评表

考核项目:入境接待计调业务	考核时间:
所在班级:	小组名称:
小组负责人:	小组成员:

续表

过程评价	完成时间	提前	
		准时	
		超时	
	完成质量	优秀	
		良好	
		一般	
结果评价	评价标准	分值	得分
	工作开展积极主动	10	
	灵活运用多种方法搜集资料	10	
	计划制订合理、操作性强	10	
	入境旅游线路设计合理	20	
	表单填写完整	20	
	入境接待业务档案归档	20	
	团队合作	10	
总分		100	
项目学习反思与总结：			

表 4-4-5　小组互评表

考核项目：入境接待计调业务		分值	得分
成果汇报	信息收集全面	10	
	工作效率高	10	
	课堂展示流畅	20	
	线路行程安排合理	20	
	表单填写质量	30	
	团队协作	10	
	总分	100	

表 4-4-6　教师评价表

考核项目：入境接待计调业务	班级：	姓名：
小组名称：	小组组长：	
小组成员：		

续表

<table>
<tr><td colspan="2">评价标准</td><td>分值</td><td>得分</td></tr>
<tr><td colspan="2">1.自主学习程度</td><td>15</td><td></td></tr>
<tr><td colspan="2">(1)能够正确理解任务的要求与目标</td><td>5</td><td></td></tr>
<tr><td colspan="2">(2)能够合理运用多种方法收集信息</td><td>5</td><td></td></tr>
<tr><td colspan="2">(3)能够自主获得与任务有关的新知识</td><td>5</td><td></td></tr>
<tr><td colspan="2">2.任务参与程度</td><td>15</td><td></td></tr>
<tr><td colspan="2">(1)是否主动参与计划制订</td><td>5</td><td></td></tr>
<tr><td colspan="2">(2)是否主动寻找解决问题的方法</td><td>5</td><td></td></tr>
<tr><td colspan="2">(3)是否参与小组决策,积极完成工作任务</td><td>5</td><td></td></tr>
<tr><td colspan="2">3.任务实施效果</td><td>60</td><td></td></tr>
<tr><td rowspan="7">入境接待计调业务</td><td>选择境外组团社、境内地接旅行社并沟通良好</td><td>5</td><td></td></tr>
<tr><td>行程安排合理</td><td>5</td><td></td></tr>
<tr><td>表单填写规范</td><td>10</td><td></td></tr>
<tr><td>旅游服务采购合理</td><td>5</td><td></td></tr>
<tr><td>有效掌握业务操作流程</td><td>10</td><td></td></tr>
<tr><td>文档撰写规范准确</td><td>5</td><td></td></tr>
<tr><td>归档完整</td><td>5</td><td></td></tr>
<tr><td rowspan="3">成果汇报</td><td>汇报内容结构清晰、完整</td><td>5</td><td></td></tr>
<tr><td>PPT 排版正确、设计美观</td><td>5</td><td></td></tr>
<tr><td>语言表达清晰、流畅</td><td>5</td><td></td></tr>
<tr><td colspan="2">4.任务总结与反思</td><td>10</td><td></td></tr>
<tr><td colspan="2">(1)按照时间进程完成工作任务</td><td>5</td><td></td></tr>
<tr><td colspan="2">(2)能够进行客观的评价与总结</td><td>5</td><td></td></tr>
<tr><td colspan="2">总分</td><td>100</td><td></td></tr>
</table>

模块五

旅行社接待业务

接待业务认知

项目介绍

旅行社的接待业务是指旅行社为已经购买了旅行社产品的旅游者,提供一系列实地旅游服务的一项综合性工作。旅行社的竞争力不仅来自产品开发、设计,更来自接待服务。因为旅行社提供接待服务的过程与旅游者消费旅游产品是同步进行的,所以旅行社的接待服务对旅游者评价旅游产品及旅行社的服务质量起到了决定性作用。接待工作质量优劣影响旅行社的声誉,进而影响旅行社的客源市场,最终决定着旅行社的生存和发展。

本项目主要介绍接待服务管理工作流程和接待服务工作标准。

知识导图

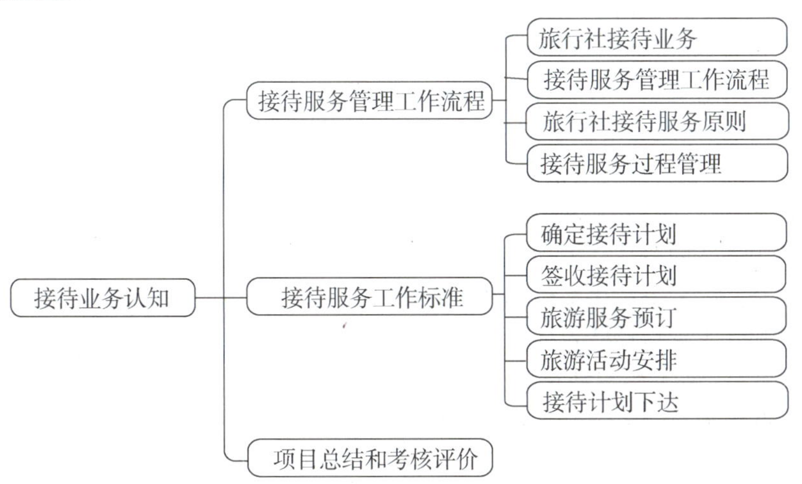

学习目标

1.素质目标

(1)培养家国情怀,增强“四个自信”;

(2)培养团队意识和大局意识;

(3)培养主动学习、分析问题和解决问题的能力;

(4)培养良好的旅游专业素养和职业道德,增强职业自信。

2.知识目标

(1)了解接待业务概念;

(2)理解旅行社接待业务的内涵,

(3)掌握接待服务管理工作流程和接待服务工作标准。

3.能力目标

(1)能够按照基本流程,熟练操作旅行社接待服务业务;

(2)能够制订较规范的接待方案。

 **思政案例**

旅行社擅自转团,挨了板子又赔钱

案由:

游客郭女士报名参加了A旅行社组织的草原行旅游团。穿越草原时,因车辆颠簸,郭女士腰部受伤。当晚,郭女士到当地医院急诊科就诊,后住院治疗。经司法鉴定,郭女士所受损伤属九级伤残。

返程后,郭女士在向A旅行社主张赔偿时才知道,A旅行社在未征得其同意的情况下,将其转给B旅行社,B旅行社又委托C旅行社提供旅游接待服务。三家旅行社互相推诿,均不同意承担赔偿责任,故郭女士将三家旅行社起诉至法院,要求共同承担赔偿责任。

《中华人民共和国民法典》第一千一百九十八条规定:"宾馆、商场、银行、车站、机场、体育场馆、娱乐场所等经营场所、公共场所的经营者、管理者或者群众性活动的组织者,未尽到安全保障义务,造成他人损害的,应当承担侵权责任。"

同时,《最高人民法院关于审理旅游纠纷案件适用法律若干问题的规定》第八条规定:"旅游经营者、旅游辅助服务者对可能危及旅游者人身、财产安全的旅游项目未履行告知、警示义务,造成旅游者人身损害、财产损失,旅游者请求旅游经营者、旅游辅助服务者承担责任的,人民法院应予支持。"

经审理法院认定,郭女士报名参加了A旅行社组织的草原行旅游团,A旅行社未经郭女士同意将其转让给B旅行社,B旅行社又转让给C旅行社,郭女士与上述三家被告形成了旅游服务合同关系。上述三家被告在提供旅游服务过程中,应保障郭女士的人身及财产安全。因三家被告提供的旅游服务不符合旅游服务合同的约定,故由三家旅行社共同向郭女士承担赔偿责任。

此外,法院认为A旅行社存在擅自转团的违法行为,并向当地执法大队提出司法建议。执法大队根据《中华人民共和国旅游法》第一百条,对A旅行社做出罚款10万元的行政处罚。

以上案例教训深刻,旅行社应如何规避因操作不当而承担一定的法律责任风险呢?以下几点需要明确:

一、有关转团的法律规定

《中华人民共和国旅游法》第六十三条规定:"因未达到约定人数不能出团的,组团社经征得旅游者书面同意,可以委托其他旅行社履行合同。组团社对旅游者承担责任,受委托的旅行社对组团社承担责任。旅游者不同意的,可以解除合同。”

《中华人民共和国旅游法》第六十条规定:“旅行社委托其他旅行社代理销售包价旅游产品并与旅游者订立包价旅游合同的,应当在包价旅游合同中载明委托社和代理社的基本信息。旅行社依照本法规定将包价旅游合同中的接待业务委托给地接旅行社履行的,应当在包价旅游合同中载明地接旅行社的基本信息。”

二、擅自转团的法律后果

旅行社除了承担民事责任,还要承担行政处罚责任。《旅行社服务质量赔偿标准》第五条规定:“擅自将旅游者转团、拼团的,旅行社应向旅游者支付旅游费用总额25%的违约金。解除合同的,还应向未随团出行的旅游者全额退还预付旅游费用,向已随团出行的旅游者退还未实际发生的旅游费用。”

上述案例中,法院认为,在旅游者不知情的情况下,旅行社因擅自转团导致旅游者遭受损失,与旅游者签约的旅行社与受让旅游业务的旅行社均应承担相应赔偿责任,故做出上述裁决。

《中华人民共和国旅游法》第一百条规定:“旅行社违反本法规定,有下列行为之一的,由旅游主管部门责令改正,处三万元以上三十万元以下罚款,并责令停业整顿;造成旅游者滞留等严重后果的,吊销旅行社业务经营许可证;对直接负责的主管人员和其他直接责任人员,处二千元以上二万元以下罚款,并暂扣或者吊销导游证、领队证……(三)未征得旅游者书面同意,委托其他旅行社履行包价旅游合同的。”

三、如何合法转团

法律允许旅行社建立“批零体系”,将团队交由旅游目的地的地接旅行社提供接待服务,但零售商代理销售批发商的旅游产品,应明确表明双方关系,且在签订旅游合同时,明确告知旅游者代理关系及基本信息。

行程开始前,若组团社招徕的旅游者未达到约定人数,可以征得旅游者书面同意,并将旅游者转给其他旅行社接待,但仍由组团社对旅游者承担责任,受委托的旅行社对组团社承担责任。

依据相关法规,旅行社不得侵害旅游者的知情权,组团社或受委托的旅行社应在签订旅游合同或被转团时,明确告知旅游者地接旅行社的详细信息。签约旅行社应将与旅游者之间的约定明确告知接待社,并将接待社的行程内容及接待标准明确告知旅游者,旅游者了解具体行程内容及接待标准后,同意转团的,符合法律规定,如出现纠纷问题依据合同约定及法律规定承担责任。

(**资料来源:** 陈静.旅行社擅自转团,挨了板子又赔钱[OL].《中国旅游报》,2022-09-08.)

案例思考: 旅行社转团操作模式通常为零售商招徕游客后交给批发商,批发商再将游客委托给地接旅行社,由其提供旅游接待服务。在此过程中,旅行社因操作不当将承担一定的法律责任,只有合法转团,才能避免给游客和旅行社带来损失。我们每一个人都要增强法治观念,使尊法学法守法用法在全社会蔚然成风,营造良好和谐的社会环境。

接待服务管理工作流程

旅行社的接待服务是指对已经订购旅行社产品的旅游者按照已签订的协议兑现服务承诺的整个过程,它是旅行社经营过程中的一项中心工作,也是旅行社基本业务的一个重要方面。对旅游者而言,一次旅游活动的好坏很大程度上取决于旅游者对旅行社的服务接待是否满意;而对旅行社而言,只有提供符合其销售价格的产品,其价值才能得以实现。本任务要求学生熟悉旅行社的接待业务概念和内涵,掌握旅行社接待服务管理的工作流程。

相关知识

接待服务管理工作流程

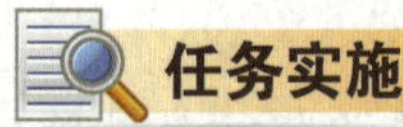

学生分组并进行恰当分工,在实训室开展任务活动,每名学生配备一台连接互联网的电脑,依次开展活动如下:

1.以小组为单位,充分利用智慧化技术,查阅资料,调研旅行社接待服务管理工作的内涵。

2.以小组为单位,充分利用智慧化技术,查阅资料,调研旅行社接待服务管理工作的流程。

注意事项及要求:

学生分组进行任务活动,每名同学都要参与,认真完成各项任务,以小组为单位,分别阐述旅行社接待服务管理的内涵和工作流程,运用头脑风暴法分析讨论,最后确定旅行社接待服务管理工作流程,形成最终成果:旅行社接待服务管理工作流程图(见图5-1-1)。

按照任务评分表(见表5-1-1)的评分标准进行评价,并做好详细记录,根据评分表评选出最佳任务小组,教师可根据实际情况给予适当的奖励。

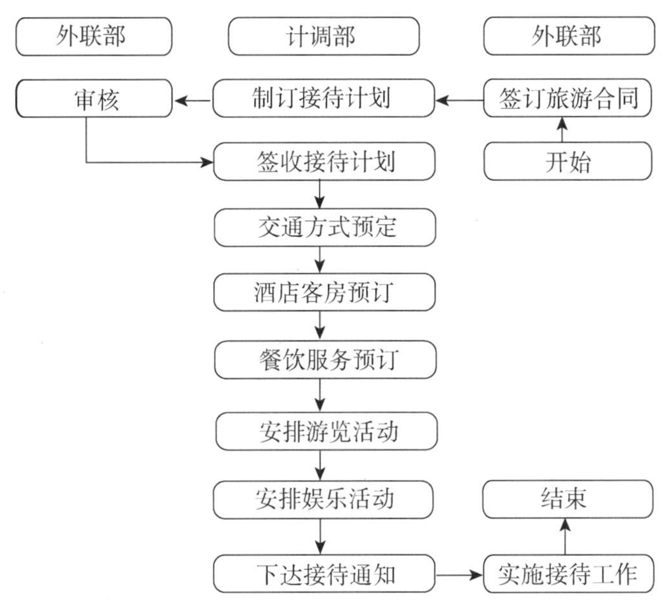

图 5-1-1 旅行社接待服务管理工作流程图

表 5-1-1 任务评分表

考核项目:接待服务管理工作流程		班级:	姓名:
小组名称:		小组组长:	
小组成员:			
总体评价	完成时间	提前	
		准时	
		超时	
	完成质量	优秀	
		良好	
		有待改进	
过程评价	评价标准	分值	得分
	运用多种渠道,主动学习相关知识,提升能力	15	
	灵活运用信息化方法获取信息	15	
	有目的、有计划地开展工作	10	
	任务实施过程积极、主动	10	
	任务完成效果	40	
	团队协作	10	
总分		100	

课后任务

1.旅行社接待服务管理工作内涵是什么？

2.旅行社接待服务管理业务流程有哪些？

接待服务工作标准

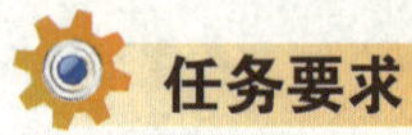

任务要求

旅行社接待服务工作质量高低关系到旅游者旅游活动效果的好坏，因此必须重视旅行社的接待服务工作，制定严格的工作标准。本任务要求学生掌握旅行社接待服务主要工作的服务标准，主要包括确定接待计划、签收接待计划、票务预定、活动安排、下达接待通知。

相关知识

接待服务工作标准

任务实施

学生分组并进行恰当分工，在实训室开展任务活动，每名学生配备一台连接互联网的电脑，模拟开展接待服务，依次开展活动如下：

1.根据外联部签订的旅游合同制订接待计划，计划内容包括交通形式预订、酒店预订、旅游大巴预订、游览线路安排、娱乐项目安排等，并将接待计划请部门经理审核。

2.根据接待计划开展旅游服务预订工作，主要包括订房、订车、订票、订餐、订导游。

3.结合旅游合同，制订旅游游览活动计划，合理设置旅游景点数量、先后次序确定游览路线，合理安排娱乐项目，并留出一定的自由活动时间，充分考虑游客的需求。

4.将接待计划下达旅行社接待部，按照接待计划开展接待工作。

注意事项及要求：

学生分组进行任务活动，分别扮演旅行社外联部、计调部、接待部，每名同学都要参与，认真完成各项任务，以小组为单位制订旅游接待计划，运用头脑风暴法分析讨论后确定最终接待计划，完成最终任务成果——旅行社旅游接待计划(见表 5-1-2)。

表 5-1-2 旅行社旅游接待计划

<table>
<tr><td colspan="2">组团社名称及团号</td><td colspan="2"></td><td rowspan="2">国家
地区或城市</td><td rowspan="2"></td><td rowspan="2">全陪
地陪</td><td colspan="2" rowspan="2"></td></tr>
<tr><td colspan="2">本社团号</td><td colspan="2"></td></tr>
<tr><td>总人数</td><td>人</td><td>男</td><td>人</td><td rowspan="2">车辆配备
情况</td><td colspan="4" rowspan="2"></td></tr>
<tr><td>儿 童</td><td>人</td><td>女</td><td>人</td></tr>
<tr><td colspan="2">时 间</td><td colspan="2">游览项目及景点</td><td>入住宾馆</td><td>早餐</td><td>中餐</td><td>晚餐</td><td></td></tr>
<tr><td colspan="2">月 日 时 分</td><td colspan="2"></td><td></td><td></td><td></td><td></td><td></td></tr>
<tr><td colspan="2">月 日 时 分</td><td colspan="2"></td><td></td><td></td><td></td><td></td><td></td></tr>
<tr><td colspan="2">月 日 时 分</td><td colspan="2"></td><td></td><td></td><td></td><td></td><td></td></tr>
<tr><td colspan="2">月 日 时 分</td><td colspan="2"></td><td></td><td></td><td></td><td></td><td></td></tr>
<tr><td colspan="2">月 日 时 分</td><td colspan="2"></td><td></td><td></td><td></td><td></td><td></td></tr>
<tr><td colspan="2" rowspan="3">订票计划</td><td colspan="7">飞机：</td></tr>
<tr><td colspan="7">火车：</td></tr>
<tr><td colspan="7">轮船：</td></tr>
<tr><td colspan="2">备注</td><td colspan="7"></td></tr>
</table>

任务评价：

按照任务评分表（见表 5-1-3）的评分标准进行评价，并做好详细记录，根据评分表评选出最佳任务小组，教师可根据实际情况给予适当的奖励。

表 5-1-3 任务评分表

<table>
<tr><td colspan="2">考核项目：接待服务工作标准</td><td>班级：</td><td>姓名：</td></tr>
<tr><td colspan="2">小组名称：</td><td colspan="2">小组组长：</td></tr>
<tr><td colspan="4">小组成员：</td></tr>
<tr><td rowspan="6">总体评价</td><td rowspan="3">完成时间</td><td>提前</td><td></td></tr>
<tr><td>准时</td><td></td></tr>
<tr><td>超时</td><td></td></tr>
<tr><td rowspan="3">完成质量</td><td>优秀</td><td></td></tr>
<tr><td>良好</td><td></td></tr>
<tr><td>有待改进</td><td></td></tr>
</table>

续表

	评价标准	分值	得分
过程评价	运用多种渠道，主动学习相关知识，提升能力	15	
	灵活运用信息化方法获取信息	15	
	有目的、有计划地开展工作	10	
	任务实施过程积极、主动	10	
	任务完成效果	40	
	团队协作	10	
总分		100	

课后任务

1.旅行社接待计划如何制订？

2.在预定旅游服务时应该要注意哪些事项？

任务三 项目总结和考核评价

任务要求

旅行社的接待服务是旅行社经营过程中的一项中心工作，也是旅行社基本业务的一个重要方面。现需要你对旅行社接待业务认知的学习成果进行汇报展示。汇报的重点在于汇报内容结构清晰、内容全面、语言流畅；难点则在于汇报 PPT 设计精美，语言表达具有感染力。

任务实施

对本项目调查过程及成果进行汇报。

1.以小组为单位，交流汇报调研成果，组与组之间提出问题，每组在规定时间完成汇报 PPT 的制作并进行现场展示。汇报要点如下：

(1)旅行社接待业务的概念与内涵；

(2)旅行社接待服务管理的工作流程；

(3)旅行社接待服务管理的工作标准。

2.学生自评、互评，小组组长点评各个组员的工作成效，引导学生勇于表达、质疑，锻炼学生的逻辑思维与语言表达能力以及创新能力。

3.指导教师给各组评分,并进行有针对性的点评,汇总各组成果并给出成绩。

注意事项及要求:

汇报过程中小组之间注意发现问题,并及时提出问题,之后大家共同讨论解决问题。

任务评价:

按照任务评分表的评分标准进行学生自评、互评和教师评价,评选出最佳任务小组,教师可根据实际情况给予适当的奖励。小组自评表、小组互评表、教师评价表分别如表 5-1-4、表 5-1-5、表 5-1-6 所示。

表 5-1-4 小组自评表

<table>
<tr><td colspan="3">考核项目:接待业务认知</td><td>考核时间:</td></tr>
<tr><td colspan="2">所在班级:</td><td colspan="2">小组名称:</td></tr>
<tr><td>小组负责人:</td><td colspan="3">小组成员:</td></tr>
<tr><td rowspan="6">过程评价</td><td rowspan="3">完成时间</td><td>提前</td><td></td></tr>
<tr><td>准时</td><td></td></tr>
<tr><td>超时</td><td></td></tr>
<tr><td rowspan="3">完成质量</td><td>优秀</td><td></td></tr>
<tr><td>良好</td><td></td></tr>
<tr><td>一般</td><td></td></tr>
<tr><td rowspan="8">结果评价</td><td>评价标准</td><td>分值</td><td>得分</td></tr>
<tr><td>工作开展积极主动</td><td>10</td><td></td></tr>
<tr><td>灵活运用多种方法搜集资料</td><td>10</td><td></td></tr>
<tr><td>汇报内容全面、准确</td><td>10</td><td></td></tr>
<tr><td>工作流程设计合理</td><td>20</td><td></td></tr>
<tr><td>服务标准制定符合要求</td><td>20</td><td></td></tr>
<tr><td>展示效果</td><td>20</td><td></td></tr>
<tr><td>团队合作</td><td>10</td><td></td></tr>
<tr><td colspan="2">总分</td><td>100</td><td></td></tr>
<tr><td colspan="4">项目学习反思与总结:</td></tr>
</table>

表 5-1-5　小组互评表

考核项目:接待业务认知		分值	得分
成果汇报	信息收集全面	15	
	工作效率高	15	
	课堂展示流畅	20	
	汇报成果富有成效	40	
	团队协作	10	
总分		100	

表 5-1-6　教师评价表

考核项目:接待业务认知		班级:	
小组名称:		小组组长:	
小组成员:			
评价标准		分值	得分
1.自主学习程度		15	
(1)能够正确理解任务的要求与目标		5	
(2)能够合理运用多种方法收集信息		5	
(3)能够自主获得与任务有关的新知识		5	
2.任务参与程度		15	
(1)是否主动参与计划制订		5	
(2)是否主动寻找解决问题的方法		5	
(3)是否参与小组决策,积极完成工作任务		5	
3.任务实施效果		60	
旅行社接待业务认知	内涵理解深刻	10	
	工作流程设计符合实际岗位要求	10	
	工作标准设计合理	15	
	旅游接待计划制订符合要求	10	
成果汇报	汇报内容结构清晰、完整	5	
	PPT 排版正确、设计美观	5	
	语言表达清晰、流畅	5	
4.任务总结与反思		10	
(1)按照时间进程完成工作任务		5	
(2)能够进行客观的评价与总结		5	
总分		100	

散客接待业务

散客旅游又称自助或半自助式旅游。它是由旅游者自行安排旅游行程,零星现付各项旅游费用的旅游形式。散客旅游具有预订期短、规模小、批次多、要求多、变化大等特点。近年来,散客旅游成为人们外出旅游的主要形式。面对庞大的散客市场,旅游企业,尤其是旅行社企业,应积极应对做好散客接待业务。本任务要求学生掌握旅行社散客接待业务的工作流程和工作标准,能够在旅行社实施散客接待业务。

知识导图

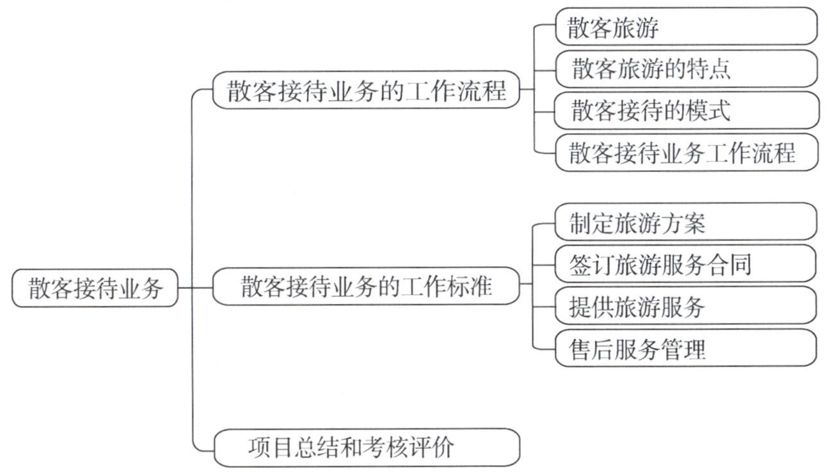

学习目标

1.素质目标

(1)增强统筹规划能力;

(2)增强团队合作精神;

(3)加强人际沟通能力;

(4)养成事无巨细的工作作风。

2.知识目标

(1)了解旅行社散客旅游的概念和特点;

(2)掌握旅行社散客接待业务的工作流程;

(3)熟悉旅行社散客接待业务的工作标准。

3.能力目标

(1)能够设计旅行社散客接待业务工作流程图;

(2)能够按照旅行社散客接待业务工作标准实施散客接待业务。

思政案例

疫情下,传统旅行社"花式自救"

过去的4个月里,徐州玉屏国际旅行社有限公司负责人苏锋一筹莫展。"在这一行干了7年,好不容易站稳脚跟,营业额逐年递增,却因为新冠疫情,遭遇前所未有的困境,仿佛一夜之间回到刚创业时,一切都要从头再来!"

对苏锋而言,以往这个时候,本该是旅游业的春天,也是生意最红火的时候,但目前的旅行社财务现状是"只出不进"。他算了一笔账:春节前,约100万元旅游预付款全部退回,推广、展会、礼品等支出打了水漂,每个月还有员工基本工资、社保及房租等硬性成本,公司已亏损了160万元左右。

苏锋的遭遇折射出当下旅行社所面临的共同困境。旅游业是受新冠疫情影响最大的行业之一,有数据显示,仅2020年春节期间,旅游业损失至少在5 000亿元以上。

与此同时,黄山世友国际旅行社负责人刘浩也正经历一场痛苦的自救。"以往这个时候,营业额要到30万元是小菜一碟,但是今年1月底到4月,我们没有一点收入。"在旅游业打拼近20年的刘浩坦言,本以为新冠疫情很快结束,3月底打算重整旗鼓,但随着形势愈发严峻,自己也越来越着急、焦虑。

新冠肺炎疫情逼出了"异业合作"

就在苏锋和刘浩"想破了脑袋自救"之时,安徽本地规模最大的旅行社——安徽环球文化旅游集团有限公司负责人徐华玉开始另辟"合纵连横"的蹊径。

徐华玉是安徽旅游业的"老兵"。2003年的"非典"期间,他下海创办了这家旅行社,享受过旅游经济发展的红利,也经历过旅游业改革的阵痛。此次新冠肺炎疫情对旅游业的影响无疑是灾难性的,影响时间长、范围广,旅游市场将会发生颠覆性的"化学变化",自己有一种"抓不住未来"的感觉。为此,公司不得不开展自救,在不降预算目标、全年工资总额和不主动裁员的前提下,撑住企业,稳住客户、员工、现金流。

最初,他给微信通讯录里的100个朋友发了消息,想整合跨行业闲置资源,进行业务合作,立马得到了很多表示支持的回复。

随后,徐华玉和一家农产品企业达成协议,由对方提供原料产品,并取得食品相关经营手续和许可。4月起,公司位于合肥一家商业综合体内300平方米的旗舰店,销售橱窗被改造成了卤菜销售窗口,客服人员"变身"食品推销员,向来往客流推荐卤鹅等菜品。

相对长途旅游的低迷,让徐华玉有些喜出望外的是,公司在合肥郊区马郢基地打造的乡村旅游扶贫项目,正在逐渐恢复人气,亲子游业务受到欢迎,很多家长带孩子来体验生活和劳动乐趣。

同样在江苏省，苏锋也积极转变思路，将目光瞄向周边的“小众”路线。“我们旅行社以往都是走‘名山名川’线路，现在，尝试找风景好、空气好的旅游资源，打造短途线路。”

“必须要比别的旅行社快一步！只要不亏钱，咱们就成团。”抱着这个心态，苏锋和员工围绕踏青、度假、疗养等需求，推出省内、周边短途线路，行程大多不超过两天。

传统旅行社必须坚定地转向“线上”

“很多优质民宿的宣传方式太单一，我就和民宿老板谈合作，通过短视频、直播来展现民宿的全貌及房间设施，为他们带来流量，拉动销售。”刘浩现在变身“网红”，经常出现在西递宏村等景点，直播人文风景和旅游知识。在他看来，危机之中就蕴藏着机遇，眼下或许也是中小型旅行社转型的契机。他这几天经常和员工头脑风暴，思考未来如何拓展“互联网+旅游”“旅游+土特产”等合作形式。

事实上，徐华玉一直在琢磨传统旅行社的线上转型，但考虑独自搭建网络平台系统投入大，只能望而却步。

“随着 VR、5G、物联网、人工智能技术的广泛应用，行业肯定会面临变革与重新洗牌，跟上时代步伐的企业，才能活下来。”徐华玉说，在某种程度上，新冠肺炎疫情加速了旅行社企业的转型进程。

［**资料来源：**王海涵，王磊.新冠肺炎疫情下传统旅行社“花式自救”［OL］.《中国青年报》，2020-05-12.（有删减）］

案例思考：受新冠疫情影响，旅行社想要转型发展，需要抓住“数字改造、变革模式、重塑自身”等关键词。在控制成本、提高效能的同时，结合国家加快发展数字经济、促进数字经济与实体经济深度融合的利好政策，大力推进数字化变革，推动旅行社更快、更好的发展。

散客接待业务工作流程

本任务要求学生能够了解旅行社散客游业务的特点，理解旅行社散客业务接待的模式，理顺旅行社散客接待业务的工作流程，能够独立设计旅行社散客接待业务工作流程图。

相关知识

散客接待业务工作流程

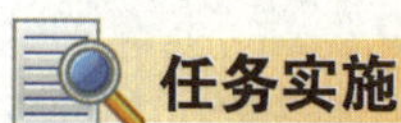

任务实施

学生分组并进行恰当分工，在实训室开展任务活动，每名学生配备一台连接互联网的电脑实施任务，依次开展活动如下：

1.以小组为单位，充分利用智慧化技术，查阅资料，调研旅行社散客接待业务工作的模式。

2.以小组为单位，充分利用智慧化技术，查阅资料，调研旅行社散客接待业务工作的流程。

注意事项及要求：

学生分组开展任务活动，每名同学都要参与，认真完成各项任务。各小组分别阐述旅行社散客接待业务的模式，运用头脑风暴法分析讨论并确定旅行社散客接待业务工作流程，形成最终成果。旅行社散客接待业务流程图如图5-2-1所示。

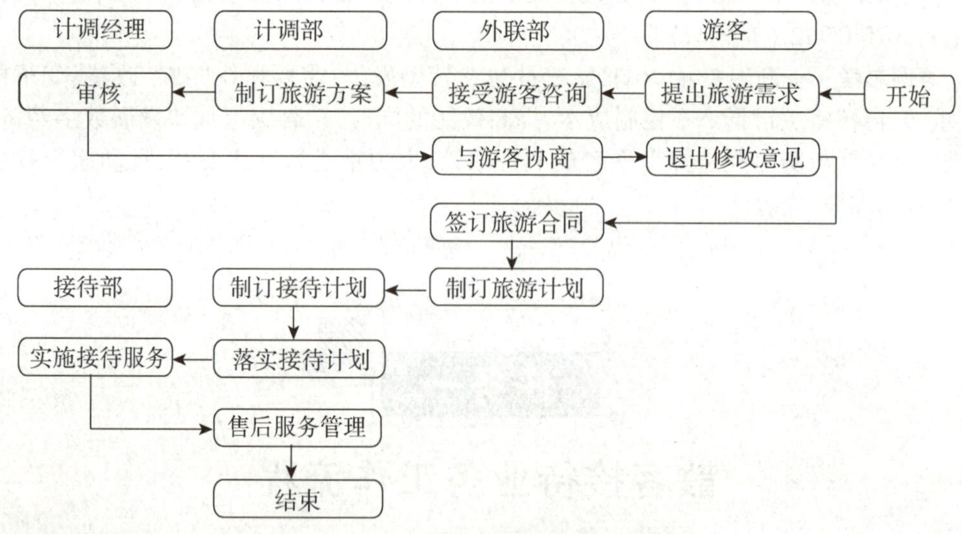

图5-2-1　旅行社散客接待业务流程图

任务评价：

按照任务评分表(见表5-2-1)的评分标准进行评价，并做好详细记录，根据评分表评选出最佳任务小组，教师可根据实际情况给予适当的奖励。

表 5-2-1　任务评分表

考核项目:散客接待业务工作流程		班级:	姓名:
小组名称:		小组组长:	
小组成员:			
总体评价	完成时间	提前	
		准时	
		超时	
	完成质量	优秀	
		良好	
		有待改进	
过程评价	评价标准	分值	得分
	运用多种渠道,主动学习相关知识,提升能力	15	
	灵活运用信息化方法获取信息	15	
	有目的、有计划地开展工作	10	
	任务实施过程积极、主动	10	
	任务完成效果	40	
	团队协作	10	
总分		100	

课后任务

1.散客旅游发展迅速的原因有哪些?

2.简述散客接待业务工作流程。

散客接待业务工作标准

任务要求

随着散客旅游的快速发展,旅行社必须高度重视散客接待业务,须制定严格的工作标准来提升散客接待的业务水平。本任务要求学生掌握旅行社散客接待业务的工作标准,主要包括制订旅游方案、签订旅游服务合同、提供旅游服务、售后服务管理。

相关知识

散客接待业务工作标准

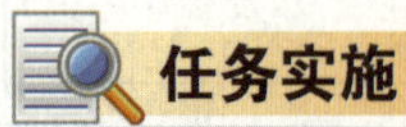

任务实施

学生分组并进行恰当分工，在实训室开展任务活动，每名学生配备一台连接互联网的电脑。模拟开展散客接待业务，依次开展活动如下：

1.学生分小组模拟旅行社不同部门实施任务，外联部与客人沟通了解旅游需求，计调部根据外联部反馈的需求制订旅游方案，制订的方案要合理可行。

2.外联部根据计调部提供的方案，与游客协商确认，达成一致并签订《旅游服务合同》。

3.外联部制订初步的旅行计划，并发送给计调部，计调部据此编制行程计划，包括日程安排、食住行游购娱的安排、导游安排等，并向接待部发送接待计划，接待部门落实计划提供旅游服务。

4.旅游服务结束后，外联部获取游客反馈意见，同计调部门一起提供后续服务，做好客户关系管理与维护。

注意事项及要求：

学生分组进行任务活动，分别扮演旅行社外联部、计调部、接待部，每名同学都要参与，认真完成各项任务，运用头脑风暴法分析讨论后确定旅游服务合同，形成最终任务成果——旅行社旅游服务合同。

任务评价：

按照任务评分表（见表 5-2-2）的评分标准进行评价，并做好详细记录，根据评分表评选出最佳任务小组，教师可根据实际情况给予适当的奖励。

表 5-2-2　任务评分表

考核项目：散客接待业务工作标准		班级：	姓名：
小组名称：		小组组长：	
小组成员：			
总体评价	完成时间	提前	
		准时	
		超时	
	完成质量	优秀	
		良好	
		有待改进	

续表

	评价标准	分值	得分
过程评价	运用多种渠道,主动学习相关知识,提升能力	15	
	灵活运用信息化方法获取信息	15	
	有目的、有计划地开展工作	10	
	任务实施过程积极、主动	10	
	任务完成效果	40	
	团队协作	10	
总分		100	

课后任务

1.简述旅行社散客接待业务工作标准。

2.旅行社如何做好散客接待的售后服务管理?

项目总结和考核评价

任务要求

旅行社的散客接待业务是旅行社重要的接待业务。现需要你对旅行社散客接待业务的学习成果进行汇报展示。汇报的重点在于汇报内容结构清晰、内容全面、语言流畅;难点则在于汇报 PPT 设计精美、语言表达具有感染力。

任务实施

对本项目调查过程及成果进行汇报。

1.以小组为单位,交流汇报学习成果,组与组之间提出问题,每组在规定时间完成汇报 PPT 的制作并进行现场展示。汇报要点如下:

(1)国内散客旅游的特点及旅行社散客接待业务的模式;

(2)旅行社散客接待业务的工作流程;

(3)旅行社散客接待业务的工作标准。

2.学生自评、互评,小组组长点评各个组员的工作成效,指导教师要注意引导学生勇于表达、质疑,锻炼学生的逻辑思维与语言表达能力以及创新能力。

3.指导教师给各组评分，并进行有针对性的点评，汇总各组成果并给出成绩。

注意事项及要求：

汇报过程中小组之间注意发现问题，并及时提出问题，之后大家共同讨论解决问题。

任务评价：

按照任务评分表的评分标准进行学生自评、互评和教师评价，评选出最佳任务小组，教师可根据实际情况给予适当的奖励。小组自评表、小组互评表、教师评价表分别如表 5-2-3、表 5-2-4、表 5-2-5 所示。

表 5-2-3　小组自评表

<table>
<tr><td colspan="3">考核项目：散客接待业务</td><td>考核时间：</td></tr>
<tr><td colspan="2">所在班级：</td><td colspan="2">小组名称：</td></tr>
<tr><td>小组负责人：</td><td colspan="3">小组成员：</td></tr>
<tr><td rowspan="6">过程评价</td><td rowspan="3">完成时间</td><td>提前</td><td></td></tr>
<tr><td>准时</td><td></td></tr>
<tr><td>超时</td><td></td></tr>
<tr><td rowspan="3">完成质量</td><td>优秀</td><td></td></tr>
<tr><td>良好</td><td></td></tr>
<tr><td>一般</td><td></td></tr>
<tr><td rowspan="8">结果评价</td><td>评价标准</td><td>分值</td><td>得分</td></tr>
<tr><td>工作开展积极主动</td><td>10</td><td></td></tr>
<tr><td>灵活运用多种方法搜集资料</td><td>10</td><td></td></tr>
<tr><td>汇报内容全面、准确</td><td>10</td><td></td></tr>
<tr><td>工作流程设计合理</td><td>20</td><td></td></tr>
<tr><td>服务标准制定符合要求</td><td>20</td><td></td></tr>
<tr><td>展示效果</td><td>20</td><td></td></tr>
<tr><td>团队合作</td><td>10</td><td></td></tr>
<tr><td colspan="2">总分</td><td>100</td><td></td></tr>
<tr><td colspan="4">项目学习反思与总结：</td></tr>
</table>

表 5-2-4　小组互评表

考核项目:散客接待业务		分值	得分
成果汇报	信息收集全面	15	
	工作效率高	15	
	课堂展示流畅	20	
	汇报成果富有成效	40	
	团队协作	10	
总分		100	

表 5-2-5　教师评价表

考核项目:散客接待业务		班级:	
小组名称:		小组组长:	
小组成员:			
评价标准		分值	得分
1.自主学习程度		15	
(1)能够正确理解任务的要求与目标		5	
(2)能够合理运用多种方法收集信息		5	
(3)能够自主获得与任务有关的新知识		5	
2.任务参与程度		15	
(1)是否主动参与计划制订		5	
(2)是否主动寻找解决问题的方法		5	
(3)是否参与小组决策,积极完成工作任务		5	
3.任务实施效果		60	
旅行社散客接待业务	内涵理解深刻	10	
	工作流程设计符合实际岗位要求	10	
	工作标准设计合理	15	
	旅游合同符合要求	10	
成果汇报	汇报内容结构清晰、完整	5	
	PPT 排版正确、设计美观	5	
	语言表达清晰、流畅	5	
4.任务总结与反思		10	
(1)按照时间进程完成工作任务		5	
(2)能够进行客观的评价与总结		5	
总分		100	

团体接待业务

项目介绍

团体旅游是按预定的行程计划进行旅游活动的群体游客旅游,团体旅游接待业务是旅行社接待业务很重要的一个方面,它是一项综合性、系统性很强的工作过程。这个过程既是游客对其购买的旅行社产品的实际消费过程,也是旅行社产品的价值最终实现的过程。本项目介绍旅行社团体旅游接待业务的工作流程和工作标准。通过学习,学生能够独立操作旅行社的团体旅游接待业务。

知识导图

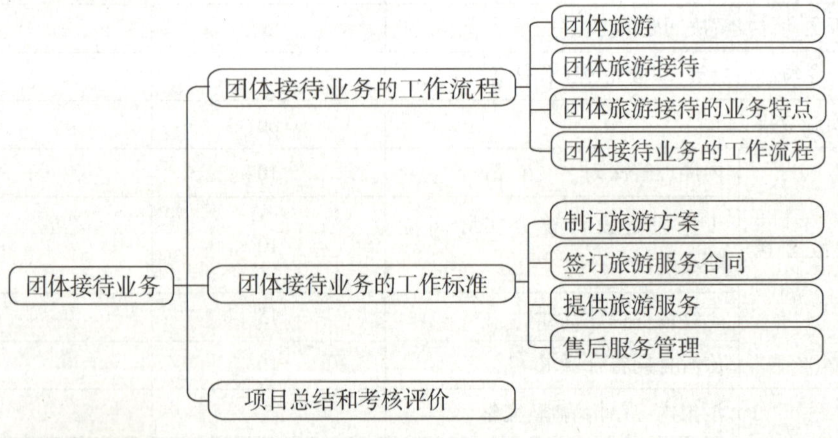

学习目标

1.素质目标

(1)增强统筹规划能力;

(2)增强团队合作精神;

(3)加强人际沟通能力;

(4)养成事无巨细的工作作风。

2.知识目标

(1)了解旅行社团体旅游的概念和特点;

(2)掌握旅行社团体接待业务的工作流程;

(3)熟悉旅行社团体接待业务的工作标准。

3.能力目标

(1)能够设计旅行社团体接待业务工作流程图;

(2)能够按照旅行社团体接待业务工作标准实施团体接待业务。

思政案例

坚决遏制旅游团餐浪费

要遏制旅游团餐浪费,就要加强引导,增强游客的节约意识;还要对旅游团餐进行优化升级,提升人们参加团队游的体验,更好地激发旅游消费需求。

“制定、修订旅游住宿业和旅游景区标准,将反对食品浪费的内容列入其中”“加强对游客的引导和提醒,督促游客在旅游过程中做到节约饮食、绿色消费”“加强行业监管和引领,组织开展禁止餐饮浪费专项行动”……近日,中华人民共和国文化和旅游部发布一系列遏制文旅活动中餐饮浪费的举措,引发业内关注。

随着旅游市场的不断发展,与之相关的餐饮消费规模也在持续增长。当前,跟团游仍是人们出游的主要方式,由于有餐标限制,跟团游能在一定程度上减少餐饮浪费。但人们发现,一些旅行团用餐后,桌上饭菜剩余较多的现象仍较为常见。遏制旅游团餐浪费,对于倡导节约、文明出游很有必要。

导致团餐浪费的原因是多方面的。有时是因为一些游客在自助用餐时点餐不合理,但更多时候是由于饭菜质量欠佳或不够卫生造成的。有的旅行团为了压缩成本,把团餐标准定得很低。满满一大桌团餐,质量却不高,甚至连基本的卫生都保障不了,往往无法让游客提起食欲,最后只能被丢进垃圾桶。

遏制旅游团餐浪费,就要加强引导,增强游客的节约意识。有的餐厅在大堂张贴“倡导节约、杜绝浪费”的宣传海报;有的餐厅在点餐台设置提示,提醒游客按需取餐、适当点餐;有的餐厅制作了倡导节约的公益宣传片……这些做法对引导和鼓励人们科学饮食、减少浪费起到了一定作用。

为了更有效地遏制浪费,旅游团餐不妨进行优化升级。随着旅游消费升级,人们旅游用餐需求已经从“吃得饱”升级为“吃得好”。菜单跟着需求走,提升餐饮质量,不仅可以提升人们的旅游体验,而且在遏制浪费方面常常能起到立竿见影的效果。有旅行社进行过这样的尝试:针对来自不同地区的游客,推出可定制的团餐,既充分考虑游客的用餐习惯、用餐食量以及健康营养等要求,又可以更加科学、合理地对团餐种类进行调整。几天下来,游客评价上去了,餐饮浪费下来了。

优化升级旅游团餐,互联网和大数据是好帮手。通过一些智能化的点餐消费系统,可以快速搜集游客的用餐偏好,并通过后台汇总后将数据反馈给餐厅。在这些数据的帮助下,餐厅的采购和烹饪会更加精准,避免供应不足或过量采购。更重要的是,经过一段时间的大数据沉淀,这套系统可以根据游客“画像”,提前对团餐种类、口味、备餐量等数据进行预判,实现全链条上的遏制浪费。

(**资料来源:**王珂.坚决遏制旅游团餐浪费[OL],《人民日报》2020-09-02.)

案例思考：节约粮食是中华民族的传统美德、国家长治久安的需要，我们要在全社会弘扬勤俭节约精神。旅行社在组织团队旅游接待业务时，如果能提供更高品质的团餐服务，相信不仅可以有效遏制浪费，还能切实提升人们参加团队游的体验，从而更好地激发旅游消费需求，为旅游业加速复苏增添动力。

任务一

团体接待业务工作流程

任务要求

对于旅行社来说，团体旅游接待是一项十分特殊的业务。本任务要求学生能够了解旅行社团体旅游接待业务的概念、特点，熟悉旅行社团体接待业务的工作标准，理顺旅行社团体接待业务的工作流程，能够独立设计旅行社团体接待业务工作流程图，能够在旅行社独立操作团队接待业务。

相关知识

团体接待业务工作流程

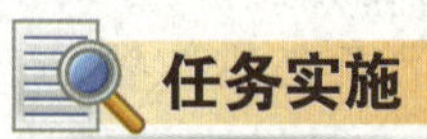

任务实施

学生分组并进行恰当分工，在实训室开展任务活动，每名学生配备一台连接互联网的电脑实施任务，依次开展活动如下：

1.以小组为单位，充分利用智慧化技术，查阅资料，调研旅行社团体接待业务工作的特点。

2.以小组为单位，充分利用智慧化技术，查阅资料，调研旅行社团体接待业务工作的流程。

注意事项及要求：

学生分组进行任务活动，每名同学都要参与，认真完成各项任务，以小组为单位，分别阐述旅行社散客接待业务的模式，运用头脑风暴法分析讨论，最后确定旅行社散客接待业务工作流程，形成最终成果——旅行社团体接待业务工作流程图（见图 5-3-1）。

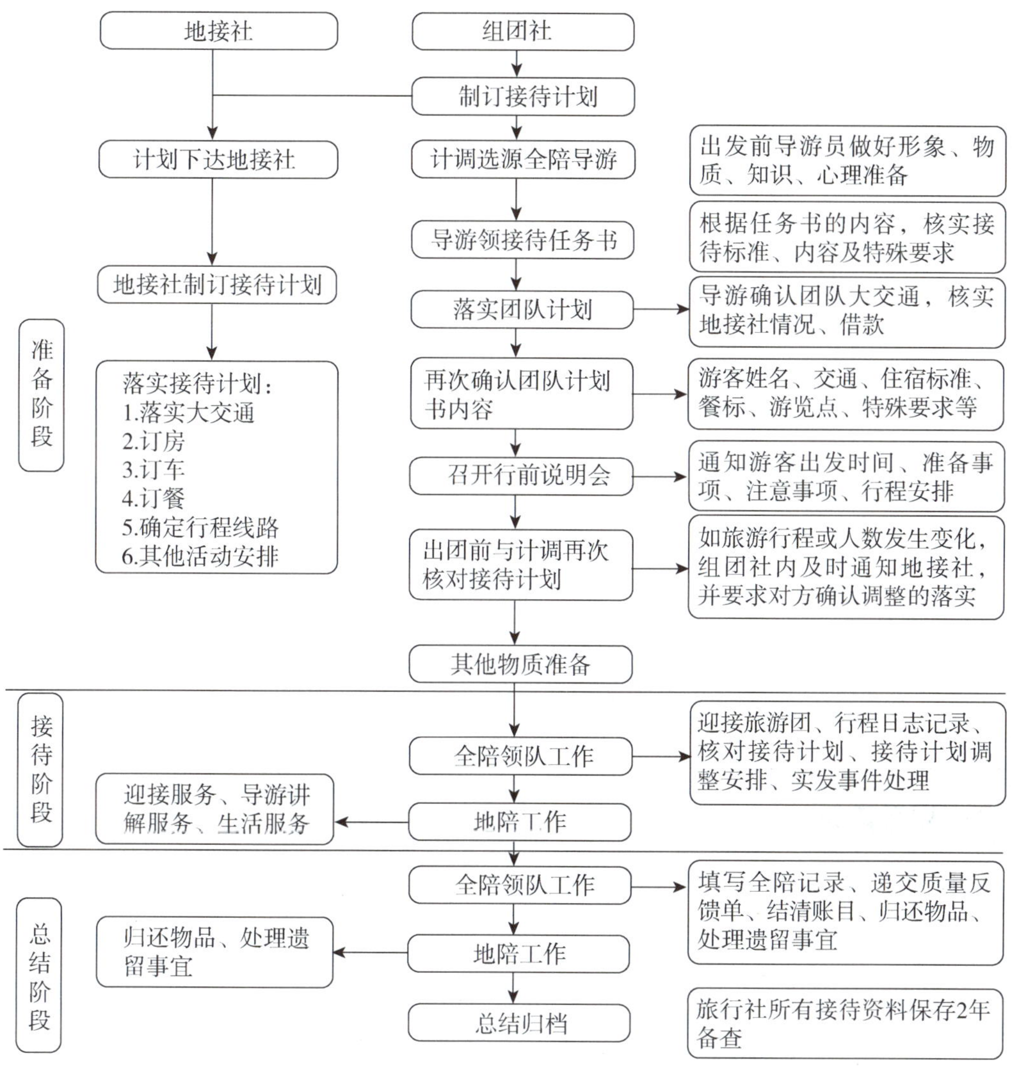

图 5-3-1　旅行社团体接待业务工作流程图

任务评价：

按照任务评分表（见表 5-3-1）的评分标准进行评价，并做好详细记录，根据评分表评选出最佳任务小组，教师可根据实际情况给予适当的奖励。

表 5-3-1　任务评分表

考核项目：团体接待业务工作流程	班级：	姓名：
小组名称：	小组组长：	
小组成员：		

续表

总体评价	完成时间	提前	
		准时	
		超时	
	完成质量	优秀	
		良好	
		有待改进	
过程评价	评价标准	分值	得分
	运用多种渠道，主动学习相关知识，提升能力	15	
	灵活运用信息化方法获取信息	15	
	有目的、有计划地开展工作	10	
	任务实施过程积极、主动	10	
	任务完成效果	40	
	团队协作	10	
总分		100	

课后任务

1.旅行社团体旅游接待业务有哪些特点？

2.简述旅行社团体接待业务工作流程。

团体接待业务工作标准

任务要求

对于旅行社来说，团体旅游接待是一项十分特殊的业务。为了保证接待服务的质量，旅行社应该对团体旅游接待服务进行标准化管理。本任务要求学生掌握旅行社团体接待业务的工作标准，主要包括制订旅游方案、签订旅游服务合同、提供旅游服务、售后服务管理。

相关知识

团体接待业务工作标准

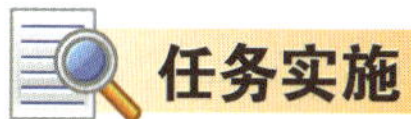

任务实施

学生分组并进行恰当分工，分别扮演组团社、地接旅行社、旅游团游客，在实训室开展任务活动，每名学生配备一台连接互联网的电脑。模拟开展旅行社团体接待业务，依次开展如下活动：

1.学生模拟组团社外联部与客人沟通了解旅游需求，计调部根据外联部反馈的需求制订旅游方案，制订的方案要合理可行。

2.组团社外联部根据计调部提供的方案，与游客协商确认，达成一致并签订《旅游服务合同》。

3.组团社外联部编制初步的旅行计划，并发送给计调部，计调部据此编制行程计划，包括日程安排、食住行游购娱的安排、导游安排等，并向地接旅行社发送接待计划，地接旅行社落实计划提供旅游服务，全陪导游、地陪导游带领游客实施旅游活动。

4.旅游服务结束后，组团社、地接旅行社获取游客反馈意见，提供后续服务，做好客户关系管理与维护。

注意事项及要求：

学生分组进行任务活动，分别扮演旅行社外联部、计调部、游客等角色，每名同学都要参与，认真完成各项任务。

任务评价：

按照任务评分表（见表 5-3-2）的评分标准进行评价，并做好详细记录，根据评分表评选出最佳任务小组，教师可根据实际情况给予适当的奖励。

表 5-3-2　任务评分表

考核项目：团体接待业务工作标准		班级：	姓名：
小组名称：		小组组长：	
小组成员：			
总体评价	完成时间	提前	
		准时	
		超时	
	完成质量	优秀	
		良好	
		有待改进	

续表

	评价标准	分值	得分
过程评价	运用多种渠道,主动学习相关知识,提升能力	15	
	灵活运用信息化方法获取信息	15	
	有目的、有计划地开展工作	10	
	任务实施过程积极、主动	10	
	任务完成效果	40	
	团队协作	10	
总分		100	

课后任务

1.简述旅行社全陪和地陪的作用。

2.旅行社团体接待业务与散客接待业务有何区别?

项目总结和考核评价

任务要求

旅行社按照一定的标准向旅游团提供旅游过程中的各种相关服务,旅行社团体旅游接待中应坚持规范化和个性化相结合。现需要你对旅行社团体接待业务的学习成果进行汇报展示。汇报的重点在于汇报内容清晰、全面,语言流畅;难点则在于汇报 PPT 设计精美,语言表达具有感染力。

任务实施

对本项目调查过程及成果进行汇报。

1.以小组为单位,交流汇报学习成果,组与组之间提出问题,每组在规定时间完成汇报 PPT 的制作并进行现场展示。汇报要点如下:

(1)旅行社团体接待业务的特点;

(2)旅行社团体接待业务的工作流程;

(3)旅行社团体接待业务的工作标准。

2.学生自评、互评,小组组长点评各个组员的工作成效,指导教师引导学生勇于表达、质疑，锻炼学生的逻辑思维与语言表达能力以及创新能力。

3.指导教师给各组评分，并进行有针对性的点评，汇总各组成果并给出成绩。

注意事项及要求：

汇报过程中小组之间注意发现问题，并及时提出问题，之后大家共同讨论解决问题。

任务评价：

按照任务评分表的评分标准进行学生自评、互评和教师评价，评选出最佳任务小组，教师可根据实际情况给予适当的奖励。小组自评表、小组互评表、教师评价表分别如表 5-3-3、表 5-3-4、表 5-3-5 所示。

表 5-3-3　小组自评表

<table>
<tr><td colspan="3">考核项目：团体接待业务</td><td>考核时间：</td></tr>
<tr><td colspan="2">所在班级：</td><td colspan="2">小组名称：</td></tr>
<tr><td>小组负责人：</td><td colspan="3">小组成员：</td></tr>
<tr><td rowspan="6">过程评价</td><td rowspan="3">完成时间</td><td>提前</td><td></td></tr>
<tr><td>准时</td><td></td></tr>
<tr><td>超时</td><td></td></tr>
<tr><td rowspan="3">完成质量</td><td>优秀</td><td></td></tr>
<tr><td>良好</td><td></td></tr>
<tr><td>一般</td><td></td></tr>
<tr><td rowspan="8">结果评价</td><td>评价标准</td><td>分值</td><td>得分</td></tr>
<tr><td>工作开展积极主动</td><td>10</td><td></td></tr>
<tr><td>灵活运用多种方法搜集资料</td><td>10</td><td></td></tr>
<tr><td>汇报内容全面、准确</td><td>10</td><td></td></tr>
<tr><td>工作流程设计合理</td><td>20</td><td></td></tr>
<tr><td>服务标准制定符合要求</td><td>20</td><td></td></tr>
<tr><td>展示效果</td><td>20</td><td></td></tr>
<tr><td>团队合作</td><td>10</td><td></td></tr>
<tr><td colspan="2">总分</td><td>100</td><td></td></tr>
<tr><td colspan="4">项目学习反思与总结：</td></tr>
</table>

表 5-3-4　小组互评表

考核项目:团体接待业务		分值	得分
成果汇报	信息收集全面	15	
	工作效率高	15	
	课堂展示流畅	20	
	汇报成果富有成效	40	
	团队协作	10	
	总分	100	

表 5-3-5　教师评价表

考核项目:团体接待业务		班级:	
小组名称:		小组组长:	
小组成员:			
评价标准		分值	得分
1.自主学习程度		15	
(1)能够正确理解任务的要求与目标		5	
(2)能够合理运用多种方法收集信息		5	
(3)能够自主获得与任务有关的新知识		5	
2.任务参与程度		15	
(1)是否主动参与计划制订		5	
(2)是否主动寻找解决问题的方法		5	
(3)是否参与小组决策,积极完成工作任务		5	
3.任务实施效果		60	
旅行社团体接待业务	概念理解深刻	10	
	工作流程设计符合实际岗位要求	10	
	工作标准设计合理	15	
	团体旅游接待特点总结全面	10	
成果汇报	汇报内容结构清晰、完整	5	
	PPT 排版正确、设计美观	5	
	语言表达清晰、流畅	5	
4.任务总结与反思		10	
(1)按照时间进程完成工作任务		5	
(2)能够进行客观的评价与总结		5	
总分		100	

模块六

旅行社人力资源管理

项目一 旅行社员工招聘

项目介绍

由于旅行社是劳动内容复杂、工作线长、分布点多、人员管理较分散的单位，因此在人员管理方面有许多不同于其他企业的地方，这也正是旅行社人力资源管理的难点。为了提高旅行社人力资源管理的质量和效率，旅行社人力资源管理部门要像“磁铁”一样，牢牢地吸引住各种各样的人才，做好各项工作。员工招聘是旅行社人力资源部门依据岗位编制和职责为企业进行征聘、考核、挑选和录用合格员工的过程。

知识导图

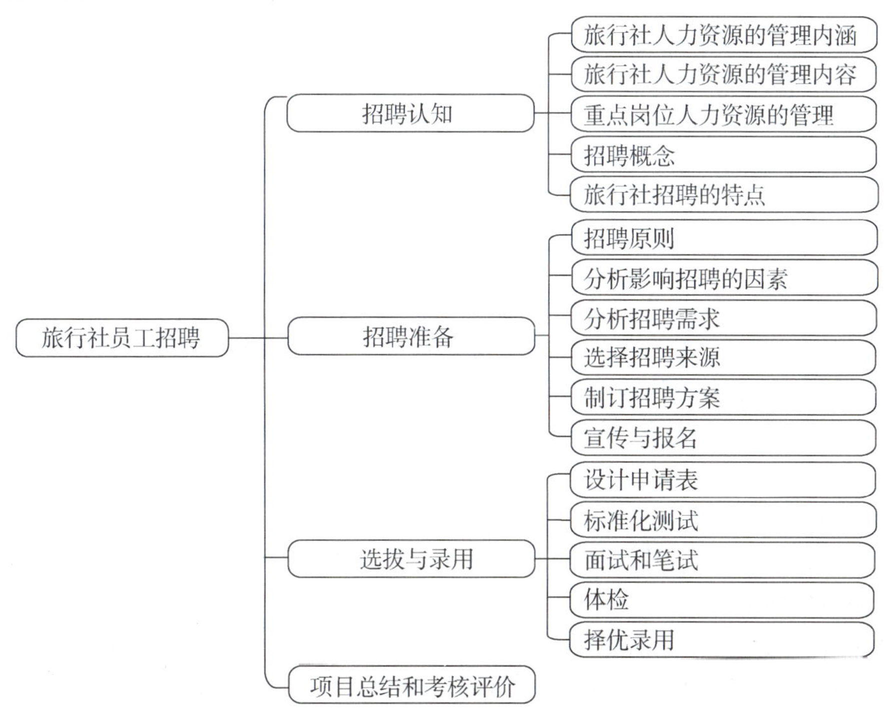

学习目标

1.素质目标

(1)培养家国情怀,增强"四个自信";

(2)培养团队意识和大局意识;

(3)培养主动学习、分析问题和解决问题的能力;

(4)培养良好的旅游专业素养和职业道德,增强职业自信。

2.知识目标

(1)了解旅行社人力资源管理的内涵;

(2)掌握旅行社人力资源管理的内容;

(3)了解旅行社员工招聘的原则;

(4)熟悉旅行社员工招聘的程序。

3.能力目标

(1)能够独立制订旅行社员工的招聘方案;

(2)能够按程序完成旅行社员工的招聘。

思政案例

"每个爱岗敬业的旅游人都坚守着自己的岗位"

——宁夏导游叶榆宁悉心照料滞留额济纳游客

2021年11月3日,宁夏导游叶榆宁在朋友圈晒出了自己的低糖晚餐,这是这位55岁的高级导游从额济纳疏散至包头隔离的第三天。回想起滞留在额济纳那些忙碌的日日夜夜,叶榆宁声音略带哽咽,感慨地说:"旅行社从业者善于沟通、协调、组织,且对客服务经验丰富,从滞留额济纳的第一天起,在当地的旅游人就迅速行动起来,用自己的方式为额济纳抗击新冠疫情贡献着旅游人的力量。"

10月17日,叶榆宁带着来自上海的30位摄影爱好者来到额济纳,开始6天5晚的赏秋采风之旅。10月18日9时,游客们正在胡杨林景区游览,突然接到了当地村干部通知,当地发生新冠疫情,要求他们立即离开景区。"虽然很突然,但游客们都很配合,我们乘坐旅游大巴返回酒店之后,又被告知我们入住的酒店要用作隔离酒店,大家赶紧开始收拾行李。"

"刚开始的时候包括我们导游在内,大家都觉得做过几轮核酸检测之后,没发现异常,应该就能离开了。"叶榆宁说,在等待换酒店的空档,先带游客做了核酸检测。"随着当地病例增加,大家才逐渐意识到问题的严重性。10月19日,滞留的导游、旅游大巴司机组建了互助群,开始主动排查滞留游客人数、入住酒店情况等信息,并上报当地政府。"

带团20余年,今年是叶榆宁第16年秋季带团到额济纳。"事发突然,刚开始稍显混乱,这个时候,有导游带队的团队游客因为有人组织、有人服务,很多事情导游和旅行社都替游客想到了。"

在统计清楚滞留游客人数之后,互助群又开始了下一项任务。"18日之后,如何解决吃饭问题,成为摆在所有滞留人员面前最大的难题。"叶榆宁说,利用熟悉当地环境的优势,导游和司机们开始寻找还能提供餐饮服务的饭店、餐厅,然后分享到群里,由导游统计自己团队中需要用餐的人数,然后再协调配送,这项工作一直持续到22日当地政府开始提供免费午餐为止。

随着各地支援力量陆续到达额济纳,叶榆宁接到通知,团队要再次更换酒店。"游客们知道这个消息后都很支持。"到达第三家酒店之后,大家发现跟他们一起搬进来的还有19位自由行游客。"我们把他们也纳入了自己的团队统一服务,当时就想着能多做一点就多做一点。"

为了让游客的滞留生活不至于太过单调,导游们安排了很多项目。"早饭之后,我们会组织游客在走廊里做第九套广播体操,晚上会在群里跟大家分享当地的历史文化故事。我还邀请了高校的老师为大家在线上讲解摄影技巧。"

10月26日,叶榆宁和另一名游客搭班,轮流为隔离在各个酒店的游客送餐。"这位游客自己有车,而我又比较熟悉当地路况。25日之后,很多导游都出不来了,他们在互助群里委托我们帮忙取餐。"那天,叶榆宁跑了8家酒店,当天送了260份盒饭,第二天送了319份盒饭。"一些商务车的司机也很给力,自发组成车队,帮助游客购买药品、生活用品,之后又协助政府部门进行物资配送。"

"滞留额济纳的12天里,我们这个互助群一直在高效运转,全身心地协助额济纳做好新冠疫情防控工作。"叶榆宁告诉记者,"比如说,当地政府公布核酸检测地点之后,大家会在群里自行协调就近分配核酸检测地点、安排时间,尽量避免聚集,减少游客等待时间,组建导游志愿者服务队,统计疏散滞留人员。可以说,这些天,旅游人真是把自己的优势发挥到了极致,导游、计调、旅游大巴司机,大家都用自己的方式为额济纳的新冠疫情防控工作贡献力量。"

10月29日,在当地政府的安排下,叶榆宁和团队游客乘旅游大巴撤离到了900公里外的包头进行隔离。"14天隔离结束,核酸检测无异常之后大家就可以返回了。"

回想起滞留额济纳的12天,叶榆宁哽咽着说:"每天忙忙碌碌,现在回想起来好像也没干什么,我只知道带团的人都在尽力,每个爱岗敬业的旅游人都坚守着自己的岗位。"

(**资料来源:**张宇."每个爱岗敬业的旅游人都坚守着自己的岗位"[OL].《中国旅游报》,2021-11-11.)

案例思考:突如其来的新冠疫情带给旅行社行业巨大的打击,但也正是这次新冠疫情让旅游行业行动起来,在抗击新冠疫情贡献着旅游人的力量。旅行社人力资源的工作正是为旅行社招贤纳士,培养了一大批胸怀祖国的旅游人,他们用自己爱岗敬业的职业精神,用自己的行动践行着伟大的抗疫精神。我们正是要学习他们身上的奋斗精神、奉献精神,以此推动全社会形成见贤思齐、争做先锋的良好氛围。

任务一

招聘认知

任务要求

员工招聘是旅游企业人力资源管理的重要环节，是为一定的工作岗位选拔合格人才而进行的一系列活动，是发掘和运用人力资源的开端，是旅游企业经营成败的关键因素之一。旅行社属于人力和知识密集型的服务行业，其投入主要是人力资源和知识，产出主要是服务。因此人力、人才是旅行社最大、最主要的资本。旅行社招聘人才，吸引优秀人才，留住优秀人才，进而保证旅行社的稳定和发展，有着非常重要的战略意义。本任务要求学生掌握旅行社人力资源管理的内涵、主要内容和重点岗位的人员管理，重点是旅行社员工招聘的概念和特点。

相关知识

招聘认知

任务实施

学生分组并进行恰当分工，在实训室开展任务活动，每名学生配备一台连接互联网的电脑，调研3~5家旅行社人力资源部门，开展任务活动环节如下：

1.以小组为单位，选择3~5家知名旅行社，充分利用智慧化技术查阅资料，针对旅行社人力资源部开展调研；

2.小组分工协作，调研旅行社人力资源部门的基本情况，完成旅行社人力资源管理基本情况调查表（见表6-1-1）所列内容；

3.对比分析所调研旅行社人力资源部门的基本情况，提交一份调研报告。

注意事项及要求：

任务开展以小组为单位进行，小组内合理分工，各环节安排专人负责，适时开展头脑风暴确定相关事宜；各小组最终提交旅行社人力资源管理基本情况调研报告。

表 6-1-1 旅行社人力资源管理基本情况调查表

调查小组成员：						
序号	旅行社名称	所在地区	旅行社规模	人力资源部工作内容	重点岗位	员工招聘来源
1						
2						
……						
记录人：		汇总人：			审核人：	

任务评价：

按照任务评分表(见表 6-1-2)的评分标准进行评价，并做好详细记录，根据评分表评选出最佳任务小组，教师可根据实际情况给予适当的奖励。

表 6-1-2 任务评分表

考核项目：招聘认知		班级：	姓名：
小组名称：		小组组长：	
小组成员：			
总体评价	完成时间	提前	
		准时	
		超时	
	完成质量	优秀	
		良好	
		有待改进	
过程评价	评价标准	分值	得分
	运用多种渠道，主动学习相关知识，提升能力	15	
	灵活运用信息化方法获取信息	15	
	有目的、有计划地开展工作	10	
	任务实施过程积极、主动	10	
	任务完成效果	40	
	团队协作	10	
总分		100	

课后任务

1.旅行社人力资源管理的内容有哪些？

2.旅行社员工招聘的概念是什么？

3.怎样理解招聘是人力资源管理的五大职能之首？

任务二

招聘准备

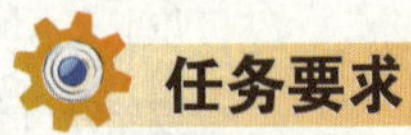

任务要求

招聘工作作为旅行社人力资源管理的源头，直接影响着企业人力资源管理其他工作环节的开展，旅游企业员工招聘准备工作也是十分复杂的。本任务要求学生了解旅行社员工招聘的原则，理解和掌握旅行社员工招聘影响因素分析、招聘需求分析、招聘来源选择、宣传与报名等知识，能够独立制订招聘方案。

相关知识

招聘准备

任务实施

学生组建旅行社招聘小组并进行恰当分工，在实训室开展任务活动，每名学生配备一台连接互联网的电脑，结合所学旅行社员工招聘准备工作的相关知识，撰写一份旅行社的人才招聘方案，开展任务活动环节如下：

1.旅行社岗位需求分析，明确招聘的基本需求情况，包括岗位名称、岗位职责、工作内容等。

2.根据岗位需求情况，确定人员招聘需求情况，包括人员需求数量、招聘基本条件，如专业要求、学历要求、职业资格证书要求、工作经验要求、语言能力要求等。

3.明确旅行社基本情况，包括旅行社名称、地理位置、规模、资质，特别是招聘岗位的工资福利待遇情况。

4.最后确定招聘的渠道和应聘方法，包括招聘的渠道、应聘者准备哪些材料、应聘期限和地点、联系方式等。

5.小组团结合作，共同提交一份旅行社员工招聘方案。

注意事项及要求：

1.任务开展以小组为单位进行，小组内合理分工，各环节安排专人负责，适时开展头脑风暴确定相关事宜；

2.各小组最终提交任务成果：××旅行社员工招聘方案。

任务评价：

按照任务评分表(见表 6-1-3)的评分标准进行评价,并做好详细记录,根据评分表评选出最佳任务小组,教师可根据实际情况给予适当的奖励。

表 6-1-3 任务评分表

考核项目:招聘准备		班级:	姓名:
小组名称:		小组组长:	
小组成员:			
总体评价	完成时间	提前	
		准时	
		超时	
	完成质量	优秀	
		良好	
		有待改进	
过程评价	评价标准	分值	得分
	运用多种渠道,主动学习相关知识,提升能力	15	
	灵活运用信息化方法获取信息	15	
	有目的、有计划地开展工作	10	
	任务实施过程积极、主动	10	
	任务完成效果	40	
	团队协作	10	
总分		100	

课后任务

1.简述旅行社员工招聘需求分析的步骤。

2.假如你是旅行社的人力资源部员工,领导安排你制订下一季度的员工招聘方案,你如何制订?

选拔与录用

员工在旅游企业的构成要素中占据着相当重要的地位。做好员工招聘是旅游企业的一项重要的人力资源管理职能。为实现招聘目标,企业只有根据职务特点和要求选拔合适人才,才能使招聘的人才充分发挥自身的才干。本任务要求学生掌握旅行社在员工招聘中如何去选拔和录用合适的人才,重点是招聘的申请书设计、标准化测试、面试、笔试。

相关知识

选拔与录用及相关表格

学生组建旅行社招聘小组并进行恰当分工,在实训室开展任务活动,每名学生配备一台连接互联网的电脑,结合所学旅行社员工招聘选拔与录用相关知识,开展任务活动环节如下:

1.设计一份旅行社招聘人员申请表,内容要完整,能够比较清晰地展现申请者的应聘信息,以便于对应聘者进行筛选。

2.结合所学专业知识和调研旅行社行业的岗位知识,针对应聘者做进一步考核测试。以便于进一步对应聘者进行筛选,考查应聘者的各项能力是否符合旅行社的岗位招聘需求。

3.设计面试考核打分表,以小组为单位进行模拟面试活动,小组内进行分工,分别扮演应聘者和人力资源部员工,开展面对面的面试谈话活动,详细记录面试打分表。

4.小组内进行综合比较分析,结合面试考核打分表,确定最终录用人员,完成员工的招聘活动。

注意事项及要求:

1.任务开展以小组为单位进行,小组内合理分工,各环节安排专人负责,适时开展头脑风暴确定相关事宜;

2.各小组最终提交成果:一份应聘者申请表(见二维码)、一份面试考核打分表(见二维码）。

任务评价：

按照任务评分表（见表6-1-4）的评分标准进行评价，并做好详细记录，根据评分表评选出最佳任务小组，教师可根据实际情况给予适当的奖励。

表6-1-4　任务评分表

<table>
<tr><td colspan="2">考核项目：选拔与录用</td><td>班级：</td><td>姓名：</td></tr>
<tr><td colspan="2">小组名称：</td><td colspan="2">小组组长：</td></tr>
<tr><td colspan="4">小组成员：</td></tr>
<tr><td rowspan="6">总体评价</td><td rowspan="3">完成时间</td><td>提前</td><td></td></tr>
<tr><td>准时</td><td></td></tr>
<tr><td>超时</td><td></td></tr>
<tr><td rowspan="3">完成质量</td><td>优秀</td><td></td></tr>
<tr><td>良好</td><td></td></tr>
<tr><td>有待改进</td><td></td></tr>
<tr><td rowspan="7">过程评价</td><td>评价标准</td><td>分值</td><td>得分</td></tr>
<tr><td>运用多种渠道，主动学习相关知识，提升能力</td><td>15</td><td></td></tr>
<tr><td>灵活运用信息化方法获取信息</td><td>15</td><td></td></tr>
<tr><td>有目的、有计划地开展工作</td><td>10</td><td></td></tr>
<tr><td>任务实施过程积极、主动</td><td>10</td><td></td></tr>
<tr><td>任务完成效果</td><td>40</td><td></td></tr>
<tr><td>团队协作</td><td>10</td><td></td></tr>
<tr><td colspan="2">总分</td><td>100</td><td></td></tr>
</table>

课后任务

1.如何设计旅行社招聘人员申请表？

2.如果你是旅行社招聘主管，在进行招聘面试时，你会问询面试者哪些问题？为什么？

项目总结和考核评价

旅行社人力资源部要按照既定组织架构和各部门各职位工作分析来招聘人员，满足旅行社运营需求。由此可见，人力资源的招聘与配置不单纯是开几场招聘会那样简单。现需要你对旅行社员工的招聘的学习成果进行汇报展示，汇报的重点在于汇报内容结构清晰、内容全面、语言流畅；难点则在于汇报成果有特色，新颖有创意，PPT 设计精美，语言表达具有感染力。

任务实施

对本项目调查过程及成果进行汇报。

1.以小组为单位，交流汇报调研成果，组与组之间提出问题，每组在规定时间完成汇报 PPT 的制作并进行现场展示。汇报要点如下：

(1)旅行社员工招聘准备工作内容；

(2)旅行社员工的选拔和录用。

2.学生自评、互评，小组组长点评各个组员的工作成效。

3.指导教师给各组评分，并进行有针对性的点评，汇总各组成果。引导学生勇于发言，锻炼学生的逻辑思维与语言表达能力。

注意事项及要求：

汇报过程中小组之间注意发现问题，并及时提出问题，之后大家共同讨论解决问题。

任务评价：

按照任务评分表的评分标准进行学生自评、互评和教师评价，评选出最佳任务小组，教师可根据实际情况给予适当的奖励。小组自评表、小组互评表、教师评价表分别如表 6-1-5、表 6-1-6、表 6-1-7 所示。

表 6-1-5 小组自评表

考核项目：旅行社员工招聘		考核时间：
所在班级：		小组名称：
小组负责人：	小组成员：	

续表

过程评价	完成时间	提前	
		准时	
		超时	
	完成质量	优秀	
		良好	
		一般	
结果评价	评价标准	分值	得分
	工作开展积极主动	10	
	灵活运用多种方法搜集资料	10	
	汇报内容全面、准确	10	
	招聘流程设计合理	20	
	面试与选拔过程合理	20	
	展示效果	20	
	团队合作	10	
合计得分		100	
项目学习反思与总结：			

表 6-1-6 小组互评表

考核项目：旅行社社员工招聘		分值	得分
成果汇报	信息收集全面	15	
	工作效率高	15	
	课堂展示流畅	20	
	汇报成果富有成效	40	
	团队协作	10	
总分		100	

表 6-1-7 教师评价表

考核项目：旅行社社员工招聘	班级：	
小组名称：	小组组长：	
小组成员：		
评价标准	分值	得分
1.自主学习程度	15	

续表

<table>
<tr><td colspan="2">(1)能够正确理解任务的要求与目标</td><td>5</td><td></td></tr>
<tr><td colspan="2">(2)能够合理运用多种方法收集信息</td><td>5</td><td></td></tr>
<tr><td colspan="2">(3)能够自主获得与任务有关的新知识</td><td>5</td><td></td></tr>
<tr><td colspan="2">2.任务参与程度</td><td>15</td><td></td></tr>
<tr><td colspan="2">(1)是否主动参与计划制订</td><td>5</td><td></td></tr>
<tr><td colspan="2">(2)是否主动寻找解决问题的方法</td><td>5</td><td></td></tr>
<tr><td colspan="2">(3)是否参与小组决策,积极完成工作任务</td><td>5</td><td></td></tr>
<tr><td colspan="2">3.任务实施效果</td><td>60</td><td></td></tr>
<tr><td rowspan="3">旅行社社员工招聘</td><td>招聘认知理解深刻</td><td>10</td><td></td></tr>
<tr><td>招聘准备工作全面准确</td><td>15</td><td></td></tr>
<tr><td>员工选拔与录用环节完整、准确</td><td>20</td><td></td></tr>
<tr><td rowspan="3">成果汇报</td><td>汇报内容结构清晰、完整</td><td>5</td><td></td></tr>
<tr><td>PPT 排版正确、设计美观</td><td>5</td><td></td></tr>
<tr><td>语言表达清晰、流畅</td><td>5</td><td></td></tr>
<tr><td colspan="2">4.任务总结与反思</td><td>10</td><td></td></tr>
<tr><td colspan="2">(1)按照时间进程完成工作任务</td><td>5</td><td></td></tr>
<tr><td colspan="2">(2)能够进行客观的评价与总结</td><td>5</td><td></td></tr>
<tr><td colspan="2">总分</td><td>100</td><td></td></tr>
</table>

旅行社员工培训

旅游人力资源管理承担着企业员工的选、育、用、留等职能,其中,培训主要侧重于育和留。培训是旅行社员工将知识转变为专业技能的关键环节,通过培训,实现旅行社战略目标下的员工的培养与开发,并指导员工职业生涯的规划与管理。旅游工作的实践性非常强,所提供的旅游服务产品具有无形性、生产和消费同时性的特点,这就要求旅行社的员工具有一定的交际能力、合作能力、管理能力等。本项目主要介绍旅行社员工的培训需求分析、制订培训计划和方案、员工培训实施与评估等知识。

知识导图

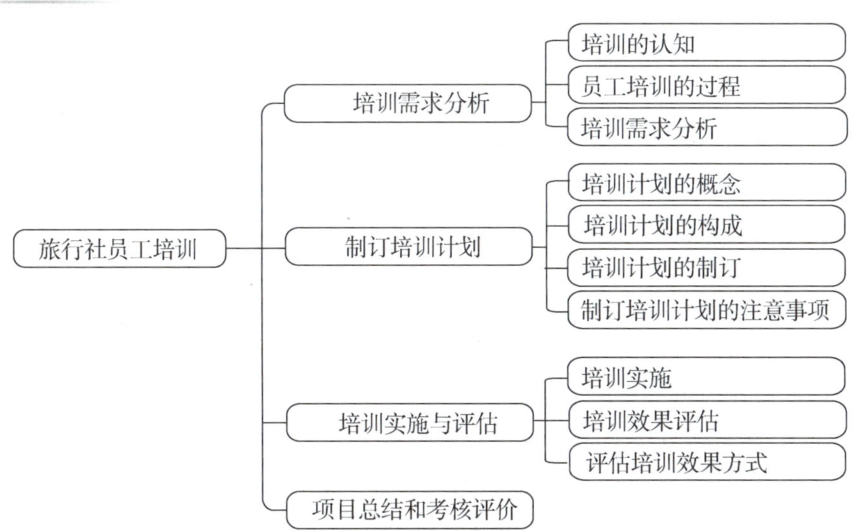

 学习目标

1.素质目标

(1)培养团队意识和大局意识;

(2)培养主动学习、分析问题和解决问题的能力;

(3)培养良好的旅游专业素养和职业道德;

(4)养成事无巨细的工作作风。

2.知识目标

(1)了解旅行社员工培训的概念和意义;

(2)理解旅行社员工培训的过程、内容和方法;

(3)理解旅行社员工培训需求分析的流程;

(4)掌握旅行社员工培训计划制订的步骤和内容;

(5)掌握旅行社员工培训评估的方法。

3.能力目标

(1)能够独立进行旅行社员工培训需求分析;

(2)能够制订旅行社员工培训计划;

(3)能够开展旅行社员工培训并进行评估培训效果。

 思政案例

文化和旅游部对旅游企业负责人开展培训

2019年6月11日至13日,由中华人民共和国文化和旅游部主办的"争作诚信旅游企业自觉维护旅游市场秩序"第一期培训班在中央文化和旅游管理干部学院举办。中华人民共和国文化和旅游部党组书记、部长雒树刚做开班动员讲话,部党组成员王晓峰主持培训班开班式。

雒树刚表示,习近平总书记关于旅游工作、文化和旅游融合发展、政治安全和生产安全等重要论述,为旅游市场主体发展指明了方向,也明确了底线,要学深悟透,坚持正确的发展方向。我国经济高质量发展对旅行社和在线旅游企业转型升级提出了新要求,文旅融合为旅游市场主体创新发展提供了新空间,人民群众美好生活需要对旅游产品和服务供给提出了新期待。雒树刚要求,各级文化和旅游部门、全国旅游企业要牢牢守住政治底线和安全生产底线,落实安全生产主体责任,坚决遏制重特大安全生产事故发生;要加强行业监管、创新监管方式、丰富监管手段,推动行业自律,提升服务质量,营造诚信守法的旅游经营环境、放心优质的旅游消费环境。

此次培训班在内容上突出了意识形态和安全生产这一主线;在培训对象上突出了企业这一主体;在教学方法上突出了案例教学这一特点,以案说法、说纪。文化和旅游部邀请外交部、中央统战部有关司局,针对旅游业中意识形态、宗教、公民境外旅游安全等方面内容进行深入讲解,增强企业的守法诚信意识。

据悉,文化和旅游部将持续对旅游企业开展培训,指导各地文化和旅游部门把培训扩大到全国更多的旅游企业,把培训触角延伸到管理人员和从业人员,推动旅游企业开展问题大排查,强化意识形态和安全生产工作责任制。

(**资料来源:** 李志刚.文化和旅游部对旅游企业负责人开展培训[OL].《中国旅游

报》,2019-06-18.)

案例思考：旅游安全无小事,旅行社通过安全教育专业培训,可以有效提高员工的安全意识,强化安全生产意识形态,将安全意识应用于企业的各项活动的开展与经营,增强企业的守法诚信意识,维护旅游业风清气朗的营业环境。

培训需求分析

任务要求

员工培训的首要任务是进行员工培训需求分析,通过分析得出本企业本阶段员工迫切需要获得的培训需求,需求分析关系到培训的方向,对培训的质量起到决定性的作用。本任务要求学生了解旅行社员工培训的概念和目的。掌握旅行社员工培训的内容和方法,学会分析员工的培训需求。

相关知识

培训需求分析

任务实施

学生分组并进行恰当分工,在实训室开展任务活动,每名学生配备一台连接互联网的电脑,调研 3~5 家旅行社,针对旅行社员工培训展开需求分析,完成旅行社员工培训需求分析表,开展任务活动环节如下:

1.针对旅行社进行培训需求分析,明确旅行社中哪些部门需要培训?

2.针对任务进行分析,确定旅行社员工培训的内容应该是什么?

3.针对旅行社员工进行分析,决定哪些员工需要接受培训,明确他们需要哪些方面的培训?

4.总结需求分析,对任务进行细化,确定培训需求的时间、地点、方式等细节需求。

注意事项及要求:

1.任务开展以小组为单位进行,小组成员每人都要进行需求分析,认真完成分析表所罗列内容,汇总形成小组成果,对汇总成果进行分类整理总结,找出培训需求,撰写培训需求分析报告;

2.各小组最终提交成果:旅行社员工培训需求分析表(见表 6-2-1)、培训需求分析报告。

表 6-2-1　旅行社员工培训需求分析表

调查小组成员：						
序号	需求部门及岗位	培训人员	培训内容	培训方式	培训地点	培训时间
1						
2						
……						
记录人：		汇总人：			审核人：	

任务评价：

按照任务评分表(见表 6-2-2)的评分标准进行评价，并做好详细记录，根据评分表评选出最佳任务小组，教师可根据实际情况给予适当的奖励。

表 6-2-2　任务评分表

考核项目：培训需求分析		班级：	姓名：
小组名称：		小组组长：	
小组成员：			
总体评价	完成时间	提前	
		准时	
		超时	
	完成质量	优秀	
		良好	
		有待改进	
过程评价	评价标准	分值	得分
	运用多种渠道，主动学习相关知识，提升能力	15	
	灵活运用信息化方法获取信息	15	
	有目的、有计划地开展工作	10	
	任务实施过程积极、主动	10	
	任务完成效果	40	
	团队协作	10	
总分		100	

课后任务

1.旅行社员工培训内容有哪些？

2.旅行社员工培训方法有哪些？

3.如果你是旅行社人力资源部门的经理助理,你的领导让你负责公司下一阶段员工培训,你首先会做什么工作?为什么?

任务二 制订培训计划

任务要求

旅行社培训强调紧密结合职业,实行按需施教的原则进行培训,使员工达到岗位要求,提高员工的总体素质。旅行社通过培训可以纠正员工的错误或不良工作方法,促进员工掌握正确的工作方法,提高工作质量和工作效率;通过培训可以提升员工的综合素质,调动员工学习的积极性,唤起员工的主体意识,为员工自主管理提供坚实的基础。本任务重点是让学生能够学会制订旅行社员工培训的计划。

相关知识

制订培训计划

任务实施

学生分小组并进行恰当分工,在实训室开展任务活动,每名学生配备一台连接互联网的电脑,调研3~5家旅行社,结合旅行社员工培训需求分析报告,制订员工培训计划,开展任务活动环节如下:

1.根据培训需求分析结果汇总培训意见,制订初步计划。

2.各小组集中讨论初步计划合理性并进行修订,确定最终培训需求、培训目标、培训方式。

3.选择培训对象,确定培训内容、培训教师和教材。

4.确定培训行动计划:培训课程安排、培训时间和地点、培训形式和方式。

5.明确培训的考核方式:预期效果和评价方法。

注意事项及要求:

1.任务开展以小组为单位进行,小组成员人人参与,认真完成培训计划所列内容,撰写旅行社员工培训计划;

2.各小组最终提交成果:××旅行社员工培训计划。如下文所示。

××旅行社员工培训计划

为了满足××旅行社发展需要，打造一支高素质、高效率的团队，使公司在激烈的市场竞争中有较强的生命力和竞争能力，特制订本培训计划。

一、培训目的：描述旅行社培训的目的

二、培训内容：描述旅行社培训的具体内容，介绍培训的时间、地点、人员、方式等。具体培训内容如表 6-2-3 所示。

表 6-2-3　××旅行社培训计划一览表

培训时间	培训内容	培训目的	负责部门	培训地点	参加人员	培训方式	考核方式
……							
记录人：			汇总人：			审核人：	

任务评价：

按照任务评分表（见表 6-2-4）的评分标准进行评价，并做好详细记录，根据评分表评选出最佳任务小组，教师可根据实际情况给予适当的奖励。

表 6-2-4　任务评分表

考核项目：制订培训计划		班级：	姓名：
小组名称：		小组组长：	
小组成员：			
总体评价	完成时间	提前	
		准时	
		超时	
	完成质量	优秀	
		良好	
		有待改进	
过程评价	评价标准	分值	得分
	运用多种渠道，主动学习相关知识，提升能力	15	
	灵活运用信息化方法获取信息	15	
	有目的、有计划地开展工作	10	
	任务实施过程积极、主动	10	
	任务完成效果	40	
	团队协作	10	
总分		100	

课后任务

1.旅行社员工培训计划是什么?

2.旅行社员工培训计划由哪些部分构成?

3.如果你是旅行社人力资源部门经理,你会如何制订员工培训计划?需要注意什么?

任务三 培训实施与评估

任务要求

培训是人力资源管理的有效手段。培训可以将具有不同价值观念和工作作风的人和谐地统一在组织之内,增进员工对企业的认同感和归属感,有利于造就一支优秀的员工队伍。员工培训能够提高服务质量,缩小员工业务差距,增强企业凝聚力,培育企业文化。本任务要求学生掌握员工培训的实施、培训效果评估等知识。

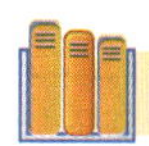

相关知识

培训实施与评估及相关表格

任务实施

学生分组并进行恰当分工,在实训室开展任务活动,每名学生配备一台连接互联网的电脑,结合员工培训计划,实施培训计划并进行评估,开展任务活动环节如下:

1.分小组按培训计划实施培训,完成培训内容。

2.各小组设计旅行社培训效果评价表,集中讨论该表的合理性并进行修订,发放旅行社培训效果评价表。

3.收集整理旅行社培训效果评价表信息,汇总分析培训目的是否达到,对培训效果进行评估。

4.各小组撰写培训评估报告,对培训效果进行分析总结。

注意事项及要求:

1.任务开展以小组为单位进行,小组成员每人都要认真完成效果评价表发放与收集整理信息等工作,共同撰写旅行社员工培训效果评估报告;

2.各小组最终提交成果:××旅行社员工培训效果评价表、××旅行社员工培训效果评估报告。

任务评价:

按照任务评分表(见表 6-2-5)的评分标准进行评价,并做好详细记录,根据评分表评选出最佳任务小组,教师可根据实际情况给予适当的奖励。

表 6-2-5　任务评分表

考核项目:培训实施与评估		班级:	姓名:
小组名称:		小组组长:	
小组成员:			
总体评价	完成时间	提前	
		准时	
		超时	
	完成质量	优秀	
		良好	
		有待改进	
过程评价	评价标准	分值	得分
	运用多种渠道,主动学习相关知识,提升能力	15	
	灵活运用信息化方法获取信息	15	
	有目的、有计划地开展工作	10	
	任务实施过程积极、主动	10	
	任务完成效果	40	
	团队协作	10	
总分		100	

课后任务

1.旅行社员工培训实施如何开展?

2.为什么要对旅行社员工培训进行评估?如何进行评估?

任务四
项目总结和考核评价

任务要求

培训是指企业有计划地开展活动以提升员工工作的相关能力，从而达到企业的要求。培训侧重于提高员工当前的工作绩效，有一定的强制性。如今，旅行社为了迎接日益激烈的竞争，十分注重当前和未来发展的规划，培训日益成为全体员工的需要。现需要你对旅行社员工培训所学知识成果进行汇报展示，汇报的重点在于汇报内容结构清晰、内容全面、语言流畅；难点则在于表格撰写完整，新颖有创意，PPT 设计精美，语言表达具有感染力。

任务实施

对本项目调查过程及成果进行汇报。

1.以小组为单位，交流汇报学习成果，组与组之间提出问题，每组在规定时间完成汇报 PPT 的制作并进行现场展示。汇报要点如下：

(1)旅行社员工培训需求分析；

(2)旅行社员工培训计划制订；

(3)旅行社员工培训实施与评估。

2.学生自评、互评，小组组长点评各个组员的工作成效。

3.指导教师给各组评分，并进行有针对性的点评，汇总各组成果，引导学生在学习成果汇报时能够重点突出、特色鲜明，锻炼逻辑思维与语言表达能力。

注意事项及要求：

汇报过程中小组之间注意发现问题，并及时提出问题，之后大家共同讨论解决问题。

任务评价：

按照任务评分表的评分标准进行学生自评、互评和教师评价，评选出最佳任务小组，教师可根据实际情况给予适当的奖励。小组自评表、小组互评表、教师评价表分别如表 6-2-6、表 6-2-7、表 6-2-8 所示。

表 6-2-6 小组自评表

考核项目：旅行社员工培训		考核时间：
所在班级：		小组名称：
小组负责人：	小组成员：	

续表

过程评价	完成时间	提前	
		准时	
		超时	
	完成质量	优秀	
		良好	
		一般	
结果评价	评价标准	分值	得分
	工作开展积极主动	10	
	灵活运用多种方法搜集资料	10	
	汇报内容全面、准确	10	
	培训需求分析合理	15	
	培训计划制订完善	15	
	培训效果评价合理	15	
	展示效果	15	
	团队合作	10	
合计得分		100	
项目学习反思与总结：			

表 6-2-7　小组互评表

考核项目：旅行社员工培训		分值	得分
成果汇报	信息收集全面	15	
	工作效率高	15	
	课堂展示流畅	20	
	汇报成果富有成效	40	
	团队协作	10	
总分		100	

表 6-2-8　教师评价表

考核项目：旅行社员工培训	班级：
小组名称：	小组组长：
小组成员：	

续表

评价标准		分值	得分
1.自主学习程度		15	
(1)能够正确理解任务的要求与目标		5	
(2)能够合理运用多种方法收集信息		5	
(3)能够自主获得与任务有关的新知识		5	
2.任务参与程度		15	
(1)是否主动参与计划制订		5	
(2)是否主动寻找解决问题的方法		5	
(3)是否参与小组决策,积极完成工作任务		5	
3.任务实施效果		60	
旅行社员工培训	内涵理解深刻	10	
	培训需求分析合理	10	
	培训计划制订完善	15	
	培训效果评价合理	10	
成果汇报	汇报内容结构清晰、完整	5	
	PPT 排版正确、设计美观	5	
	语言表达清晰、流畅	5	
4.任务总结与反思		10	
(1)按照时间进程完成工作任务		5	
(2)能够进行客观的评价与总结		5	
总分		100	

项目三 旅行社绩效管理

项目介绍

绩效管理是指企业通过绩效沟通的方式进行绩效目标设定、绩效考核与绩效反馈，以制度化实施，持续提高员工及组织绩效的连贯管理过程。通过系统化的绩效管理及周而复始的全程化运行，促成良好的个人绩效目标，进而促进整个组织绩效目标的达成和提升，实现员工与企业的共同发展。本项目主要介绍旅行社员工的绩效管理流程、绩效计划制订、绩效考核等知识。

知识导图

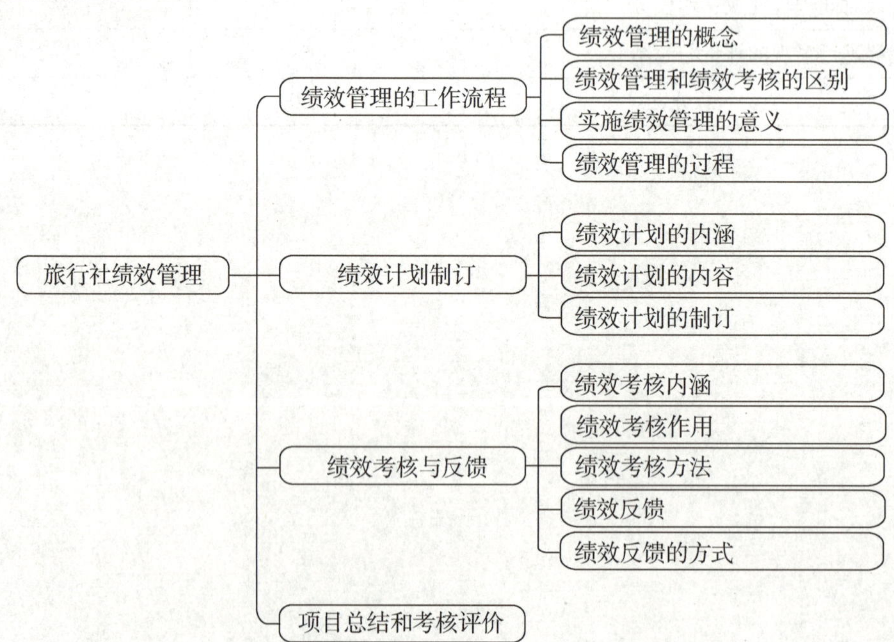

学习目标

1.素质目标

(1)培养团队意识和大局意识;

(2)培养主动学习、分析问题和解决问题的能力;

(3)培养良好的旅游专业素养和职业道德。

2.知识目标

(1)了解旅行社绩效管理的内涵;

(2)熟悉旅行社绩效管理的流程;

(3)掌握绩效考核与反馈的方法。

3.能力目标

(1)能够独立制订旅行社绩效计划;

(2)能够制订行社员工绩效考核方案。

思政案例

重启全国特级导游考评:为国家选人,为行业选才

2022年6月,全国导游人员等级考评委员会办公室发布关于2021年全国特级导游考评结果,16位来自13个省区市的导游获评全国特级导游。时隔20多年全国特级导游考评工作重新启动,标志着我国对导游人才队伍建设的重视,必将对我国旅游业发展产生重要且深远的影响。

打破职业隐形"天花板",导游队伍结构得到改善。导游是伴随着旅游业发展而产生、成长的职业。导游既是旅游业发展的实践者和推动者,也是旅游业繁荣的亲历者和见证者。导游是引导游客感受山水人文之美,为游客提出食、宿、行等多方面服务的专业人员,也是旅游业的美丽使者。在我国,必须通过全国导游资格统考的人员方能成为导游,这是一个专业化程度很高的职业。

我国在1995年和1998年组织过全国特级导游考评工作,由于当时我国旅游业主要以入境游为主,参加特级导游考评的人员大多数是外语导游,中文导游占比相对较低。随着我国经济社会的快速发展,国内旅游市场日益繁荣,导游从业人员越来越多,随之一些负面事件也开始出现,无论从管理还是发展角度,社会都对导游等级划分的需求越来越强烈。

2005年原国家旅游局发布《导游人员等级考核评定管理办法(试行)》,明确将导游等级划为初级、中级、高级、特级四个等级,后续国家又相继出台了《中华人民共和国旅游法》《中华人民共和国导游管理办法》《中华人民共和国旅行社条例》等一系列法律法规,规范导游执业行为,提升导游服务质量,保障导游合法权益,促进导游行业健康发展。

由于种种原因,全国特级导游考评工作一直未能重启,"高级导游"成了导游队伍的隐形职业"天花板",一些优秀人才因此转行。

新冠肺炎疫情发生以来,旅游业遭到巨大冲击,导游队伍人才流失问题加剧。虽然目前新冠肺炎疫情尚未完全消失,但在全国新冠肺炎疫情防控形势向好的大趋势下,无论是高端出游或是大众出游市场,都对高水平导游人才有旺盛需求,这成为人民日益增长的美好生活需要在旅游业的直接体现。

这一导向还有助于社会各界重塑对导游专业性的认识。以往无论是行业还是从业者个人,都偏重导游的实操技能,对导游关注行业、了解行业、研究行业的学术能力重视程度不高。这种观念弱化了导游的专业性,甚至影响了从业者的职业认同。特级导游考评工作的重启,在一定程度上会对优化市场资源配置产生重要影响,未来注重培养导游科研能力的企业将赢得更多的人才关注和支持,而这种影响也将渗透到企业对导游的使用、管理、考核、评价等方面。

[**资料来源:** 王昆欣.重启全国特级导游考评:为国家选人 为行业选才[OL].《中国旅游报》,2022-06-07.(内容有删减)]

案例思考: 重启全国特级导游考评,是中国特色社会主义进入新时代后,旅游业加强人才队伍建设的重要举措,打破了导游职业发展的隐形“天花板”,打通了导游等级考评的“最后一公里”,将对高层次导游人才的成长、汇聚产生较强的“虹吸力”,也将对人民群众享受更优质的导游服务提供重要支撑。对于旅行社来讲,引入特级导游考评制度,建立旅行社自身科学合理的绩效管理制度,更有利于旅行社实现企业与员工的双赢。

绩效管理工作流程

任务要求

绩效管理是一个完整并且不断进行的循环,其最终的结果是员工个人绩效水平和组织整体绩效水平的不断提高,从而实现员工个人发展和组织整体发展的“双赢”,因此,在旅行社实际工作中,要全面、客观地评价员工的绩效。本任务要求学生理解旅行社绩效管理的概念、绩效管理与绩效考核的区别和实施绩效管理的意义,掌握旅行社绩效管理的过程。

相关知识

绩效管理工程流程

任务实施

学生分组并进行恰当分工,在实训室开展任务活动,每名学生配备一台连接互联网的电脑,调研 3~5 家旅行社,针对旅行社员工绩效管理进行调查,总结旅行社员工绩效考核管理的相关情况,能够绘制旅行社的绩效管理流程图(见图 6-3-1)。开展任务活动环节如下：

1.通过网络搜集、电话调研、实地走访等手段，收集旅行社员工绩效管理的相关信息。

2.各小组分析整理调研信息，分析讨论旅行社员工绩效管理的流程。

注意事项及要求：

任务开展以小组为单位进行，小组成员每人都要参与调查分析，认真完成任务，小组成员分析讨论旅行社员工绩效管理的流程，形成最终成果：旅行社绩效管理流程图（见图 6-3-1）。

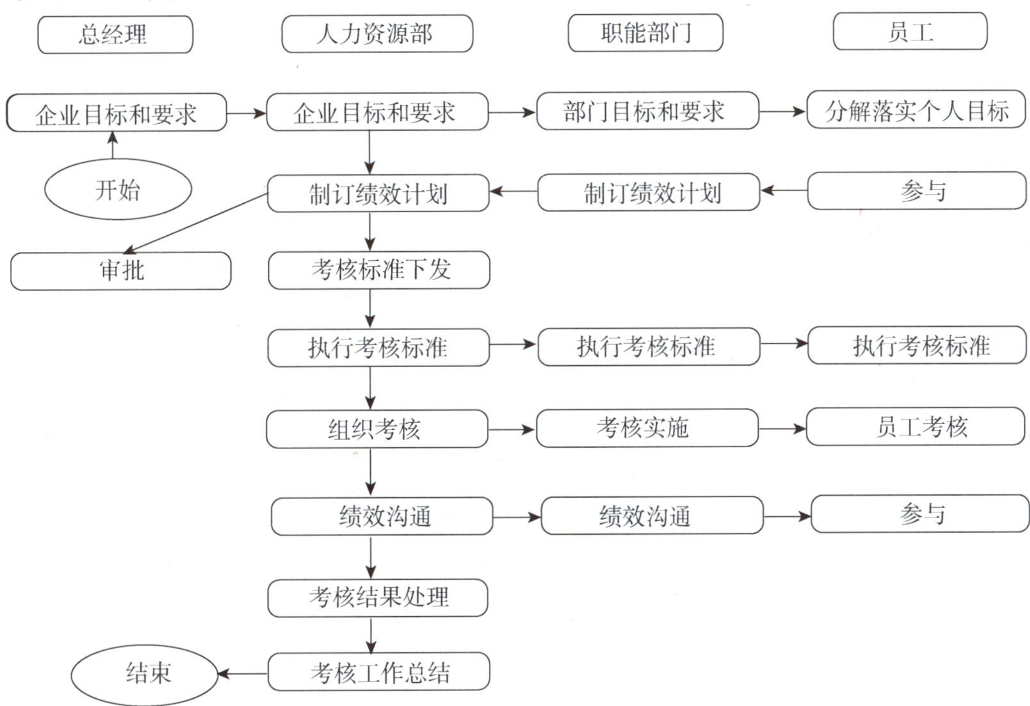

图 6-3-1 旅行社绩效管理流程图

任务评价：

按照任务评分表（见表 6-3-1）的评分标准进行评价，并做好详细记录，根据评分表评选出最佳任务小组，教师可根据实际情况给予适当的奖励。

表 6-3-1 任务评分表

<table>
<tr><td colspan="2">考核项目：绩效管理工作流程</td><td>班级：</td><td>姓名：</td></tr>
<tr><td colspan="2">小组名称：</td><td colspan="2">小组组长：</td></tr>
<tr><td colspan="4">小组成员：</td></tr>
<tr><td rowspan="6">总体评价</td><td rowspan="3">完成时间</td><td>提前</td><td></td></tr>
<tr><td>准时</td><td></td></tr>
<tr><td>超时</td><td></td></tr>
<tr><td rowspan="3">完成质量</td><td>优秀</td><td></td></tr>
<tr><td>良好</td><td></td></tr>
<tr><td>有待改进</td><td></td></tr>
</table>

续表

	评价标准	分值	得分
过程评价	运用多种渠道，主动学习相关知识，提升能力	15	
	灵活运用信息化方法获取信息	15	
	有目的、有计划地开展工作	10	
	任务实施过程积极、主动	10	
	任务完成效果	40	
	团队协作	10	
总分		100	

课后任务

1.旅行社员工绩效管理与绩效考核有什么区别有哪些环节？

2.请简述旅行社员工绩效管理流程。

任务二

绩效计划制订

任务要求

绩效计划作为绩效管理流程的第一个环节，是绩效合理实施的关键和基础所在。很多人认为考核是绩效管理中最重要的环节，但实际上绩效计划要重要得多，绩效计划制订得科学合理与否，直接影响着绩效管理整体的实施效果。本任务要求学生能够理解绩效计划的概念，能够根据所学知识制订旅行社的绩效计划。

相关知识

绩效计划制订

任务实施

学生分组并进行恰当分工，在实训室开展任务活动，每名学生配备一台连接互联网的电脑，调研3~5家旅行社，分析总结旅行社绩效计划制订，开展任务活动环节如下：

1.小组成员分工合作,搜集整理绩效计划准备阶段相关内容,填写旅行社绩效计划准备阶段信息表(见表6-3-2)。

2.各小组分工合作,分别扮演旅行社管理人员和员工,模拟进行绩效计划沟通工作。

3.各小组集中讨论绩效计划是否合理,并进行修订,形成最终的旅行社绩效计划。

注意事项及要求:

1.任务开展以小组为单位进行,小组成员每人都要进行需求分析,认真完成各环节任务,认真完成旅行社绩效计划准备信息表;

2.各小组最终提交成果:旅行社绩效计划。

表6-3-2 旅行社绩效计划准备阶段信息表

<table>
<tr><td colspan="7">调查小组成员:</td></tr>
<tr><td>序号</td><td>旅行社名称</td><td>经营目标</td><td>部门经营计划</td><td>团队目标和计划</td><td>员工岗位说明书</td><td>员工前一阶段绩效考核结果</td></tr>
<tr><td>1</td><td></td><td></td><td></td><td></td><td></td><td></td></tr>
<tr><td>2</td><td></td><td></td><td></td><td></td><td></td><td></td></tr>
<tr><td>……</td><td></td><td></td><td></td><td></td><td></td><td></td></tr>
<tr><td colspan="3">记录人:</td><td colspan="2">汇总人:</td><td colspan="2">审核人:</td></tr>
</table>

任务评价:

按照任务评分表(见表6-3-3)的评分标准进行评价,并做好详细记录,根据评分表评选出最佳任务小组,教师可根据实际情况给予适当的奖励。

表6-3-3 任务评分表

<table>
<tr><td colspan="2">考核项目:绩效计划制订</td><td>班级:</td><td>姓名:</td></tr>
<tr><td colspan="2">小组名称:</td><td colspan="2">小组组长:</td></tr>
<tr><td colspan="4">小组成员:</td></tr>
<tr><td rowspan="6">总体评价</td><td rowspan="3">完成时间</td><td>提前</td><td></td></tr>
<tr><td>准时</td><td></td></tr>
<tr><td>超时</td><td></td></tr>
<tr><td rowspan="3">完成质量</td><td>优秀</td><td></td></tr>
<tr><td>良好</td><td></td></tr>
<tr><td>有待改进</td><td></td></tr>
<tr><td rowspan="7">过程评价</td><td>评价标准</td><td>分值</td><td>得分</td></tr>
<tr><td>运用多种渠道,主动学习相关知识,提升能力</td><td>15</td><td></td></tr>
<tr><td>灵活运用信息化方法获取信息</td><td>15</td><td></td></tr>
<tr><td>有目的、有计划地开展工作</td><td>10</td><td></td></tr>
<tr><td>任务实施过程积极、主动</td><td>10</td><td></td></tr>
<tr><td>任务完成效果</td><td>40</td><td></td></tr>
<tr><td>团队协作</td><td>10</td><td></td></tr>
<tr><td colspan="2">总分</td><td>100</td><td></td></tr>
</table>

课后任务

1.简要回答旅行社绩效计划制订的内涵。

2.作为旅行社人力资源部的员工,你是如何制订旅行社的绩效计划?

绩效考核与反馈

任务要求

旅游企业很多工作岗位的实践性很强,对员工综合能力有较高要求。员工绩效考核是企业发掘内部人才的重要途径。绩效考核是指在一个绩效周期结束时,企业运用系统合理的考核标准与方法对每个员工的工作态度、工作行为与工作结果进行客观、公正评价的过程。在实际工作中,要全面、客观地评价员工的绩效。绩效考评具有重要的作用。本任务要求学生理解绩效考核的作用、绩效考核的方法、绩效反馈的方式。

相关知识

绩效考核与反馈

任务实施

学生分组并进行恰当分工,在实训室开展任务活动,每名学生配备一台连接互联网的电脑,结合员工绩效计划,模拟实施绩效考核和反馈,开展任务活动环节如下:

1.学生小组查阅资料,调研分析旅行社绩效考核的方法,撰写一份绩效考核方案,要求方案结构清晰、内容完整合理。

2.学生分小组扮演旅行社不同部门的角色,依据绩效考核方案进行绩效考核,选择面谈式、讨论式反馈方法,模拟开展旅行社员工的绩效考核与反馈。

3.各小组撰写绩效考核总结报告,对绩效考核和反馈进行分析总结,总结绩效考核结果,分析绩效考核和反馈,反馈存在的问题和应对的策略。

注意事项及要求:

学生分组进行任务活动,每名同学都要参与,认真完成各项任务,模拟开展旅行社绩效考核和反馈,各小组最终提交旅行社员工绩效考核方案、旅行社员工绩效考核总结报告。

任务评价：

按照任务评分表(见表6-3-4)的评分标准进行评价，并做好详细记录，根据评分表评选出最佳任务小组，教师可根据实际情况给予适当的奖励。

表6-3-4 任务评分表

<table>
<tr><td colspan="2">考核项目：绩效考核与反馈</td><td>班级：</td><td>姓名：</td></tr>
<tr><td colspan="2">小组名称：</td><td colspan="2">小组组长：</td></tr>
<tr><td colspan="4">小组成员：</td></tr>
<tr><td rowspan="6">总体评价</td><td rowspan="3">完成时间</td><td>提前</td><td></td></tr>
<tr><td>准时</td><td></td></tr>
<tr><td>超时</td><td></td></tr>
<tr><td rowspan="3">完成质量</td><td>优秀</td><td></td></tr>
<tr><td>良好</td><td></td></tr>
<tr><td>有待改进</td><td></td></tr>
<tr><td rowspan="7">过程评价</td><td>评价标准</td><td>分值</td><td>得分</td></tr>
<tr><td>运用多种渠道，主动学习相关知识，提升能力</td><td>15</td><td></td></tr>
<tr><td>灵活运用信息化方法获取信息</td><td>15</td><td></td></tr>
<tr><td>有目的、有计划地开展工作</td><td>10</td><td></td></tr>
<tr><td>任务实施过程积极、主动</td><td>10</td><td></td></tr>
<tr><td>任务完成效果</td><td>40</td><td></td></tr>
<tr><td>团队协作</td><td>10</td><td></td></tr>
<tr><td colspan="2">总分</td><td>100</td><td></td></tr>
</table>

课后任务

1.旅行社员工绩效考核的方法有哪些？

2.旅行社员工绩效反馈的方法有哪些？如果你是旅行社的员工，你希望采取哪种方法与上级进行反馈？

项目总结和考核评价

绩效管理强调组织目标和个人目标的一致性，强调组织和个人同步成长，形成“多赢”局面；绩效管理体现着“以人为本”的思想，在绩效管理的各个环节中都需要管理者和员工的共同参与，绩效管理的过程通常被看作一个循环，这个循环分为四个环节，即：绩效计划、绩效沟通、绩效考核与绩效反馈。现需要你对旅行社的绩效管理学习成果进行汇报展示，汇报的重点在于汇报内容结构清晰、内容全面、语言流畅；难点则在于汇报成果有特色，新颖有创意，PPT 设计精美，语言表达具有感染力。

任务实施

对本项目调查过程及成果进行汇报。

1.以小组为单位，交流汇报学习成果，组与组之间提出问题，每组在规定时间完成汇报 PPT 的制作并进行现场展示。汇报要点如下：

(1)旅行社绩效管理的过程；

(2)旅行社绩效计划的制订；

(3)旅行社绩效考核与反馈。

2.学生自评、互评，小组组长点评各个组员的工作成效，指导教师要注意引导学生勇于表达、质疑，锻炼学生的逻辑思维与语言表达能力以及创新能力。

3.指导教师给各组评分，并进行有针对性的点评，汇总各组成果并给出成绩。

注意事项及要求：

汇报过程中小组之间注意发现问题，并及时提出问题，之后大家共同讨论解决问题。

按照任务评分表的评分标准进行自评、学生互评和教师评价，评选出最佳任务小组，教师可根据实际情况给予适当的奖励。小组自评表、小组互评表、教师评价表分别如表 6-3-5、表 6-3-6、表 6-3-7 所示。

表 6-3-5 小组自评表

<table>
<tr><td colspan="3">考核项目:旅行社绩效管理</td><td>考核时间:</td></tr>
<tr><td colspan="2">所在班级:</td><td colspan="2">小组名称:</td></tr>
<tr><td>小组负责人:</td><td colspan="3">小组成员:</td></tr>
<tr><td rowspan="6">过程评价</td><td rowspan="3">完成时间</td><td>提前</td><td></td></tr>
<tr><td>准时</td><td></td></tr>
<tr><td>超时</td><td></td></tr>
<tr><td rowspan="3">完成质量</td><td>优秀</td><td></td></tr>
<tr><td>良好</td><td></td></tr>
<tr><td>一般</td><td></td></tr>
<tr><td rowspan="8">结果评价</td><td>评价标准</td><td>分值</td><td>得分</td></tr>
<tr><td>工作开展积极主动</td><td>10</td><td></td></tr>
<tr><td>灵活运用多种方法搜集资料</td><td>10</td><td></td></tr>
<tr><td>汇报内容全面、准确</td><td>10</td><td></td></tr>
<tr><td>绩效管理流程设计合理</td><td>20</td><td></td></tr>
<tr><td>绩效计划、考核方案制定符合要求</td><td>20</td><td></td></tr>
<tr><td>展示效果</td><td>20</td><td></td></tr>
<tr><td>团队合作</td><td>10</td><td></td></tr>
<tr><td colspan="2">合计得分</td><td>100</td><td></td></tr>
<tr><td colspan="4">项目学习反思与总结:</td></tr>
</table>

表 6-3-6 小组互评表

<table>
<tr><td colspan="2">考核项目:旅行社绩效管理</td><td>分值</td><td>得分</td></tr>
<tr><td rowspan="5">成果汇报</td><td>信息收集全面</td><td>15</td><td></td></tr>
<tr><td>工作效率高</td><td>15</td><td></td></tr>
<tr><td>课堂展示流畅</td><td>20</td><td></td></tr>
<tr><td>汇报成果富有成效</td><td>40</td><td></td></tr>
<tr><td>团队协作</td><td>10</td><td></td></tr>
<tr><td colspan="2">总分</td><td>100</td><td></td></tr>
</table>

表 6-3-7　教师评价表

<table>
<tr><td colspan="2">考核项目:旅行社绩效管理</td><td colspan="2">班级:</td></tr>
<tr><td colspan="2">小组名称:</td><td colspan="2">小组组长:</td></tr>
<tr><td colspan="4">小组成员:</td></tr>
<tr><td colspan="2">评价标准</td><td>分值</td><td>得分</td></tr>
<tr><td colspan="2">1.自主学习程度</td><td>15</td><td></td></tr>
<tr><td colspan="2">(1)能够正确理解任务的要求与目标</td><td>5</td><td></td></tr>
<tr><td colspan="2">(2)能够合理运用多种方法收集信息</td><td>5</td><td></td></tr>
<tr><td colspan="2">(3)能够自主获得与任务有关的新知识</td><td>5</td><td></td></tr>
<tr><td colspan="2">2.任务参与程度</td><td>15</td><td></td></tr>
<tr><td colspan="2">(1)是否主动参与计划制订</td><td>5</td><td></td></tr>
<tr><td colspan="2">(2)是否主动寻找解决问题的方法</td><td>5</td><td></td></tr>
<tr><td colspan="2">(3)是否参与小组决策,积极完成工作任务</td><td>5</td><td></td></tr>
<tr><td colspan="2">3.任务实施效果</td><td>60</td><td></td></tr>
<tr><td rowspan="5">旅行社绩效管理</td><td>内涵理解深刻</td><td>5</td><td></td></tr>
<tr><td>绩效管理流程图清晰、合理、顺畅</td><td>10</td><td></td></tr>
<tr><td>绩效计划制订翔实、准确</td><td>10</td><td></td></tr>
<tr><td>绩效考核方案完整、合理</td><td>10</td><td></td></tr>
<tr><td>绩效反馈总结报告内容翔实、准确,有反思总结</td><td>10</td><td></td></tr>
<tr><td rowspan="3">成果汇报</td><td>汇报内容结构清晰、完整</td><td>5</td><td></td></tr>
<tr><td>PPT 排版正确、设计美观</td><td>5</td><td></td></tr>
<tr><td>语言表达清晰、流畅</td><td>5</td><td></td></tr>
<tr><td colspan="2">4.任务总结与反思</td><td>10</td><td></td></tr>
<tr><td colspan="2">(1)按照时间进程完成工作任务</td><td>5</td><td></td></tr>
<tr><td colspan="2">(2)能够进行客观的评价与总结</td><td>5</td><td></td></tr>
<tr><td colspan="2">总分</td><td>100</td><td></td></tr>
</table>

教学支持说明

为改善教学效果,提高教材使用效率,满足高校教师的教学需求,本套教材备有与纸质教材配套的教学课件(PPT、电子教案)、微课、动画以及习题等资源,详情请微信扫描下方二维码或登录下方链接网址,进入课程学习使用。

课程二维码:

课程链接:https://icve-mooc.icve.com.cn/cms/courseDetails/index.htm?classId=b7bc312e526c42d58457ee759790b28c

[1]周艳春.旅行社运营操作实务[M].上海:上海交通大学出版社,2019.
[2]叶娅丽,陈学春.旅行社计调实务[M].北京:大学出版社,2020.
[3]柳中明.旅行社经营与管理[M].北京:电子工业出版社,2008.
[4]孙宗虎,肖书民.旅行社管理流程设计与工作标准[M].北京:人民邮电出版社,2008.
[5]梁峰,叶设玲.旅行社经营与管理实务[M].南京:南京大学出版社,2019.
[6]陈乾康.旅行社计调与外联实务[M].北京:中国人民大学出版社,2009.
[7]史博姣,安群.旅行社运营实务[M].北京:北京理工大学出版社,2021.
[8]张荣娟,叶晓颖.旅行社运营与管理[M].北京:北京理工大学出版社,2017.
[9]黄宝辉,旅行策划(中级)[M].北京:高等教育出版社,2022.
[10]解程姬,李晓标,李文.艳旅行社经营与管理实务[M].北京:北京理工大学出版社,2018.
[11]武建海.旅行社经营管理[M].北京:中国轻工业出版社,2010.
[12]刘燕.旅行社经营与管理[M].成都:西南财经大学出版社,2021.
[13]张素娟.旅游产品设计与操作[M].北京:化学工业出版社,2018.
[14]孙国学,赵丽丽.旅游产品策划与设计[M].北京:中国铁道出版社,2016.
[15]熊国铭,邢伟.客源国(地区)概况[M].北京:电子工业出版社,2009.
[16]陈启跃.旅游线路设计[M].上海:上海交通大学出版社,2010.
[17]中国旅游集团官网:https://www.ctg.cn/.